SUDOKU

THIS IS A SEVENOAKS BOOK

This edition published in 2019 by Sevenoaks
An imprint of Carlton Books Ltd
20 Mortimer Street
London W1T 3JW

Copyright © 2012 Carlton Books Limited

All rights reserved. This book is sold subject to the condition that it may not be reproduced, stored in a retrieval system or transmitted in any form or by any means, electronic, mechanical, photocopying, recording or otherwise without the publisher's prior consent.

A CIP catalogue for this book is available from the British Library.

ISBN 978-1-83861-057-9

Printed in the UK by CPI

10 9 8 7 6 5 4 3 2 1

SUDOKU

Over 150 challenging puzzles

Robert Allen

SEVENOAKS

What is Mensa?

Mensa is the international society for people with a high IQ. We have more than 100,000 members in over 40 countries worldwide.

The society's aims are:
- to identify and foster human intelligence for the benefit of humanity
- to encourage research in the nature, characteristics, and uses of intelligence
- to provide a stimulating intellectual and social environment for its members

Anyone with an IQ score in the top two per cent of population is eligible to become a member of Mensa – are you the 'one in 50' we've been looking for?

Mensa membership offers an excellent range of benefits:
- Networking and social activities nationally and around the world
- Special Interest Groups – hundreds of chances to pursue your hobbies and interests – from art to zoology!
- Monthly members' magazine and regional newsletters
- Local meetings – from games challenges to food and drink
- National and international weekend gatherings and conferences
- Intellectually stimulating lectures and seminars
- Access to the worldwide SIGHT network for travellers and hosts

For more information about Mensa: www.mensa.org, or

British Mensa Ltd.,
St John's House,
St John's Square,
Wolverhampton
WV2 4AH

Telephone: +44 (0) 1902 772771
E-mail: enquiries@mensa.org.uk
www.mensa.org.uk

Sudoku

A Sudoku grid consists of nine boxes, each made up of nine smaller squares or cells. Lines across are called rows and lines down are called columns. Some of the cells already have numbers in them. To solve a Sudoku grid, you have to place a number from 1 to 9 in each empty cell, so that each row, column and box contains all the numbers from 1 to 9.

If you're completely new to Sudoku, there are some clever techniques you can use to solve the puzzles. Here are a couple to get you started...

Boxes

Look at one box at a time and fill in as many numbers as possible in that box.

8							4	
			8		1			
		9					2	7
	7		9	?	8	2		4
			A	?	2	6		
	3		6	4	5	1		8
			1	8	4			5
3		5					8	
		4	3		6	9		

In this example, a good place to start would be with the central box, as it has the most numbers already filled in. From the

5

numbers already placed in the central box, we can see that it doesn't yet have a 1, 3 or 7. Looking at the empty square marked 'A' we can see that its column already contains a 1 and a 3, therefore those numbers cannot be in that column of the central box (remember: only one per row, column and box) and cell 'A' must contain a 7.

At the moment, you can't tell which of the remaining cells in that box will include the 1 and 3, but it will become clearer as you fill in more boxes. Before moving on to another box, it is always a good idea to check if the numbers you have just filled in have revealed any obvious numbers elsewhere.

8						4		
			8		1			
		9					2	7
	7		9		8	2		4
			7		2	6		
	3		6	4	5	1		8
			1	8	4			5
3		5	B	?	?		8	
		4	3	C	6	9		

Moving on to the central box at the bottom of the grid, we can see that the numbers 2, 5, 7 and 9 are missing.

Starting with cell 'B', we can see that numbers 7 and 9 are already in its column and the number 5 in its row. So cell 'B' must contain the number 2.

The number 5 cannot be placed in the central row of that box as there is a 5 already in that row of the grid. So the 5 must belong in cell 'C'.

Before attempting another box, we can see that only two numbers are missing from B's column on the grid – 4 and 5. As there is already a 4 in the top row, the 4 can't go there, and so must be placed in the third row down, leaving the top cell for number 5. Continue filling in the grid in the same way, moving from box to box until the whole puzzle has been completed.

Row/Column

This is a process of elimination. Pick a number and draw a (mental) line through each row and column that contains that number. Once you have done this, if there are any boxes that contain only one empty cell (not filled in or lined out) the cell should contain the number you picked.

5					9		2	6
			6				4	
			8		5	1	9	
	2	1		5			6	2
			1	3				
8		4					?	
		5				9		7
4	7	8		9				1
9				8		6	5	

In this example all the '1s' columns and rows have been blocked out. The cell in the centre/right box with the question mark in it is the only unshaded cell in its box and so can only be filled by a '1'.

By focusing on squares and rows/columns you'll be able to fill in the empty cells. There are other possible strategies, some of which you'll figure out for yourself as you work through the puzzles.

Easy

Puzzle 1

4	7	6			5	9	8	3
5	8	9				6	2	1
1	3	2	8	9	6	7	4	5
	5			6			9	
9			5	8	2			
	2							
2			7	3	8			9
3		8		5		1		7
	9						3	

Answer on page 201

Easy
Puzzle 2

2								
	6		1	3	7		9	
			2	8			3	
6	2		3			4		7
		8		2		6		
9		7			8		2	1
	8			7	1			
	3		5	9	2		4	
								5

Answer on page 201

Easy

Puzzle 3

		6		5			8	
	5		2			6		
						9	2	5
1	9		7			3		8
7		5	9					
4	6		5			2		7
						7	3	4
	4		6			8		
		8		2			6	

Answer on page 201

Easy

Puzzle 4

		2				7	1	8
8			3			5		
	5		7	6				4
			9					
	8	6		3		9	7	
					7			
2				1	3		9	
		7			4			2
1	4	5				3		

Answer on page 201

Easy

Puzzle 5

2						8	7	
	8		2				9	
				5		1		
	1		5		9		2	
		8			1			3
			3	2				
6		5						
3	7		1				8	
				7				9

Answer on page 201

Easy

Puzzle 6

	1		5			4	9	
4	3				1			2
			9				6	1
		3		5			2	
8				2				9
	2			8		6		
5	8				3			
1			2				3	8
	6	7			4		1	

Answer on page 201

Easy

Puzzle 7

		6			2			8
9					6		1	
3			1	5	9			
2				1	8	6	3	5
	7				4	8		
						2		
	6	7						3
4	9	3		2				
	8				3	5	7	

Answer on page 201

Easy

Puzzle 8

				3				
6			8		5			1
	3		9	1	7		5	
	9		3	6	8		1	
				9				
		3	2		1	4		
	4	8		5		1	9	
3	6						2	4
	2						7	

Answer on page 201

Easy   **Puzzle 9**

	7	4	6			9		
5								
	2		4		3			
		8	2		1	5	6	
7	1		8	3			2	
		5	9		7	8	3	
	6		5		4			
3								
	5	2	3			6		

Answer on page 202

Easy

Puzzle 10

				6	7			
	3		2				6	7
			8					
	8	3	6					
5					3			9
7				2		4		6
					6	1		4
	1							
	2			7	4	6		

Answer on page 202

Easy
Puzzle 11

.	1	.	2	.	5	.	.	.
4	.	.	.	.	.	.	.	.
.	.	5	3	.	.	8	.	6
5	.	9	.	6	.	7	.	.
.	.	.	8	.	.	5	.	.
3	.	.	.	.	1	.	4	.
.	.	2	7	4	.	.	9	.
.	.	.	.	.	2	4	.	.
.	.	6	.	.	.	.	.	5

Answer on page 202

Easy

Puzzle 12

		3						5
	1			6		9		
6			4	1	2			
4			2		9	6		
1	2	8				7		4
7			1		8	5		
5			8	2	1			
	7			5		2		
		2						1

Answer on page 202

Easy

Puzzle 13

	7						6	
2	6	1				3	7	9
		3				2		
			4		5			
3				8				5
7		9	3	1	2	6		4
			5		8			
5				2				3
8		4				5		7

Answer on page 202

Easy

Puzzle 14

5			8					
	1		2				8	4
4				3	9		7	
6	5					2		
9			4	2	6		5	
1	8					4		
7				4	5		1	
	4		6				3	5
2			7					

Answer on page 202

Easy

Puzzle 15

		5			9	4		
	7	8			3			
6	9			1				8
			5					2
4		6	1		2	5	3	9
			3					7
9	6			4				3
	4	2			1			
		3			8	9		

Answer on page 202

Easy

Puzzle 16

		7				3		
			8	6	7			
4								8
2								7
1	8		7		6		3	5
7		5		1		2		6
	7		2		8		1	
9		2	1	7	4	8		3

Answer on page 202

Easy

Puzzle 17

9		3		2			7	1
	2	1		8	3			
			1	9		3		
		4				2		
	6						5	7
		8				6		
			8	1		5		
	9	5		6	4			
7		2		3			1	6

Answer on page 203

Easy Puzzle 18

	7				1	3		5
8		5				9		1
	1			3	8			
							3	4
		8		2		6		
4	9							
			9	8			6	
1		6				4		8
9		7	4				5	

Answer on page 203

Easy

Puzzle 19

1	3			6			4	2
	4			5			7	
				8				
8	7	4		1		6	9	5
	5						2	
	9		5	4	6		3	
		2	1		4	7		
7								9
			8		9			

Answer on page 203

Easy   **Puzzle 20**

		1	8	3				2
				7		3	1	
	6				5			7
5	2		9					
1	9	8		5				4
7	3		6					
	4				2			5
				9		8	6	
		7	5	6				1

Answer on page 203

Easy

Puzzle 21

3								1
5	1			3			8	2
	8						7	
			6		4			
	2	1	3	7	5	6	4	
6								9
	6		5	4	7		1	
	4		8		9		6	
7								4

Answer on page 203

Easy

Puzzle 22

	1	7	3		6			
2				1				6
6								
7			9			6		
	4				5	2		
9				2				3
			5	9				
							3	8
	8				4		2	1

Answer on page 203

Easy

Puzzle 23

	1			7			3	
8		2				4		1
7								9
9	4		6		1		2	8
			8	4	2			
			7	1	5			
1		3		2		7		5
5			3	8	6			2

Answer on page 203

Easy

Puzzle 24

	6				8		1	
8	7			5				
				7	2			5
				2	6		5	9
3	5		4			8		6
				8	5		3	1
				3	7			8
2	9			6				
	4				9		6	

Answer on page 203

Easy

Puzzle 25

						2		4
	4			5	3		6	
		9	8					
		2				3	9	
	3			4			5	
	1				5			
3			6			1		
	9		4	3				8
2							4	

Answer on page 204

Easy

Puzzle 26

	7						6	
9			4		1			8
3				7				1
		3		2		1		
		6				4		
7	8			1			2	9
	4	8		6		7	3	
		9				8		
6	3			5			4	2

Answer on page 204

Easy

Puzzle 27

	5			7	1		9	3
9					2	6		
1						7		8
2			7					
8				9				7
					3			1
5		1						4
		2	4					6
6	9		5	1			8	

Answer on page 204

Easy

Puzzle 28

7	1	8	5					6
2		4		7	6			
9						7		
5								9
	9		6	5	3		7	
6								8
		9						5
			7	2		6		1
4					5	8	9	7

Answer on page 204

Easy

Puzzle 29

4		8	1	3	5	2		7
			2		4			
2	3		6		8		9	5
8								1
5			4		2			6
		3				8		
3				4				9
	6	4		5		1	7	

Answer on page 204

Easy

Puzzle 30

2	4							3
7		8	4				9	
	6	1				2	4	5
	8		6			3		1
				3		5		
							7	9
		6	7	4				
	9	4			1		3	
3		7	9		8			

Answer on page 204

Easy

Puzzle 31

		9	7	6		4		3
	8							5
7			8		5			9
		1			8			
8			5	7	6			1
			2			9		
1			4		3			2
2							5	
9		5		8	2	6		

Answer on page 204

Easy

Puzzle 32

						6	3	
6			9	1	3		4	
		1		7				8
			5		2	4		6
1			3		4			
			1		7	8		3
		5		3				9
3			7	5	6		2	
						3	6	

Answer on page 204

Easy **Puzzle 33**

	4			9		7		
5		3		6				
	2	8	4	3				
	1					5		3
		5	9	7	1	8		
2		7					4	
				1	9	4	5	
				4		9		2
		4		5			6	

Answer on page 205

Easy

Puzzle 34

		4		6		8		
3	9		1		8		6	4
	7						9	
5		8				3		9
		7	3	8	5	6		
		2				5		
	2	3				9	5	
6								8
	8			9			2	

Answer on page 205

Easy

Puzzle 35

5				3		2	4	
			4					
	3	8					5	
2		3	1				6	
		6	3	2	9	7		
	5				7	3		8
	9					1	7	
					3			
	2	7		6				4

Answer on page 205

Easy

Puzzle 36

	6					1	3	
	8		7	1	6		5	2
		2			5			7
2			8					
		1		6		8		
					3			6
6			9			3		
8	7		6	5	1		4	
	1	9					8	

Answer on page 205

Easy

Puzzle 37

		8	1		5	3		6
	5							7
			7				8	
	3			1			7	
5		9		6		2		4
	8			9			1	
	6				8			
8							2	
7		4	3		9	8		

Answer on page 205

Easy

Puzzle 38

2	3		9		1		6	8
4				7				9
		1		4		7		
6								5
	7		6	3	5		8	
	4	9				5	2	
		5	7		4	8		
7		2				1		4

Answer on page 205

Easy

Puzzle 39

	9				5			
3							7	
					6	8		9
								3
				9			4	5
8		6						
		4				9		8
	5			8			1	
		8	2	5		4		

Answer on page 205

Easy

Puzzle 40

2			9	7	3			8
			1		6			
8								6
				6				
7		3		2		6		9
	9	4		1		7	8	
	6		2	9	7		4	
		8	6		4	5		
	7						6	

Answer on page 205

Easy

Puzzle 41

3	9						6	
7					9			
					3			4
							3	2
				9	1			
	3	4		5	7			
						5		
8			5					1
		2	8				9	7

Answer on page 206

Easy

Puzzle 42

8		5			1			6
4			7				8	
						4		
7		2			9			4
9	3	1		6				
	4						9	
	5			7	3			1
	8	9	6	1				
6				8	5		2	9

Answer on page 206

Easy

Puzzle 43

						3	6	
					8	2	4	
		5	3					
		2	4		1			3
							1	8
	4		7			9		
8	5				2			
4	9			1				
			8	3				1

Answer on page 206

Easy

Puzzle 44

			3				6	
8	9	7		2				
			1		8	4	2	7
	5					3		2
	8			6			5	
2		1					9	
5	2	6	8		3			
				7		2	4	5
	7				2			

Answer on page 206

Easy

Puzzle 45

	1	6		2			9	8
2						5	1	
	9		8		1			
			1		7	2		
			4	3				6
			2		6	4		
	7		3		5			
9						8	4	
	6	1		8			5	2

Answer on page 206

Easy

Puzzle 46

5	4			7		8		
2			9				6	
				1	8	2	4	
	5				6	3		
4		6			7			
		7	4	9	5			
1		4	8			7	3	
	6	5				9	2	
								1

Answer on page 206

Easy

Puzzle 47

5			9		3	8		
3				1		5	7	4
	3		5	6		9		
6			2	4	1			8
		5		3	9		6	
7	1	8		9				5
		4	1		5			2

Answer on page 206

Easy

Puzzle 48

				8	5		6	
			9			3		4
	4					7	5	
		5	2		3			6
		6		5		9		
7			6		8	5		
	5	2					1	
4		9			7			
	6		5	1				

Answer on page 206

Easy

Puzzle 49

2		7				5		4
			4		1			
	4						3	
	7						2	
	2	4				8	7	
8	9			3			4	1
1			2		4			3
	6			1			5	
	3		5	8	6		1	

Answer on page 207

Easy

Puzzle 50

8				7	3			
			8				1	2
9	2				5		4	3
		4					7	
2				1				9
	6					1		
7	1		9				3	8
6	5				1			
			5	8				1

Answer on page 207

Easy

Puzzle 51

1				3	8			2
	9		4					
		3		7			4	1
	7			6			1	
3		2	8			6		
4					5	2		8
				9	3			6
		6	7				3	
9		4			6	8		

Answer on page 207

Easy

Puzzle 52

7		3				1		
				6	7			2
	2		4	1		7		
8		2						3
	7		2	5	4		6	
9						2		5
		6		9	5		8	
5			6	4				
		8				6		4

Answer on page 207

Easy

Puzzle 53

9			4	7				
1			6				7	
				1	5	9		3
			8		7	5	3	
2	9			4				
			9		1	2	4	
				6	2	1		5
8			3				2	
6			1	5				

Answer on page 207

Easy

Puzzle 54

		7		1				
	2				5	8		
9		4			8			7
						2		8
7				6				4
	3	8					7	
	5		6				8	
					2	9		
		1	4	3				

Answer on page 207

Easy

Puzzle 55

6						8	1	
	4	8			1	6		
	9		8					7
			3	2				1
5	6					9	3	8
			9	8				5
	2		6					4
	5	4			9	1		
7						5	2	

Answer on page 207

Easy

Puzzle 56

	1	8				7	5	
	3	2	7	9	5	1	8	
7	2		4	5	8		3	9
				1				
	9						2	
			8	6	1			
	8		2		9		7	
			5	4	7			

Answer on page 207

Easy

Puzzle 57

7		6		2		4		
	8		6					
1		2		7		6		3
	7		2	6				9
6		4	3	8				
					7			
9		1					7	5
						3	9	8
		5	7			1	6	

Answer on page 208

Easy

Puzzle 58

				6	1		9	
						3	6	
		3		8				
					2		5	4
8		6		9				7
2			5					
	2					4		
5	7		6				3	
			9	2				6

Answer on page 208

Easy

Puzzle 59

8				7			5	
6				8			3	1
			3					2
9			1			7	6	
	6		9	5	7		2	
	1	7			6			5
7					5			
2	8			9				4
	3			1				7

Answer on page 208

Easy Puzzle 60

1	6			9	3			
3	4				7	9		8
						6		
	7		2				3	1
	3	1				8		
	8		3				7	9
						4		
8	2				5	1		6
7	9			6	4			

Answer on page 208

Easy

Puzzle 61

1			5				8	
						9		
7	4			9	2		3	
6		2				4	5	
		9		3		1		
	3	7				2		8
	6		7	2			1	5
		3						
	8				9			7

Answer on page 208

Easy

Puzzle 62

				5	4			
6						1		4
		5			1	9	2	8
4		1				7	3	
2	9				7			
5		6				8	9	
		9			2	5	8	7
7						2		3
				3	5			

Answer on page 208

Easy

Puzzle 63

			7				5	
	3	6			8		2	4
	4		9					1
5		8		4		1		
			5					8
	7				1			
			2			7		
3	6							
	2	4		3				

Answer on page 208

Easy

Puzzle 64

			9		1			
2								4
	5	1	2		6	8	7	
	1		7		5		2	
5			8	6	4			9
				2				
	8			1			4	
		7				2		
6	4	2				5	8	1

Answer on page 208

Easy

Puzzle 65

		6		2	7	4		
			6					2
7		8					9	6
	3	5				8		
1		2		8			4	3
	9	7				2		
3		4					1	9
			4					5
		1		5	6	3		

Answer on page 209

Easy

Puzzle 66

		9		3	4			
8					6	3		
			7		2	8	5	
1		3	2			5	8	4
7				8				3
					3	7		
	9	4			5			8
6		8						
	5			7	8		6	

Answer on page 209

Easy

Puzzle 67

	5			1		4		
1		7					6	3
	6			8	3		1	
3						8		4
			3				5	2
7						1		6
	3			9	6		4	
5		8					2	9
	7			5		3		

Answer on page 209

Easy

Puzzle 68

			2	7			1	3
	3				1			
		7	5					8
5	2				4		7	6
	8			6			2	
7	1		8				5	4
3					6	7		
			3				4	
2	6			8	7			

Answer on page 209

Easy

Puzzle 69

4								
		2	9	4	5			
1				8		4	9	
5	4	3			1			
			7	9	8			
			3			6	1	2
	8	5		7				9
			5	2	9	3		
								7

Answer on page 209

Easy

Puzzle 70

3	9		5		1			
5		6		2			3	
	4	1						
2				8	4			
	6		3	5		2		4
7			1			6	5	
				1	6	3		
	5				9		4	8
			3			2		

Answer on page 209

Easy

Puzzle 71

2	9		5		6			
	6				4		5	
		5		7	8	4	6	
					1			
		9	2	6	3	5		
			4					
	1	2	7	4		6		
	8		3				9	
			6		5		4	1

Answer on page 209

Easy

Puzzle 72

	6			8			5	
8		1	6		7	3		9
	7	3		4		1	2	
		2				5		
			9	6	2			
		7				4		
2		6		9		7		8
5			3	7	4			2

Answer on page 209

Easy

Puzzle 73

8	9				5			
4		2	9			8		
	1				6			
	2							9
				2		1		
9		6			1			5
	8			1			4	
						5	9	
			8		4			7

Answer on page 210

Easy

Puzzle 74

		8		1	4	7		
		3	6				4	
	2			5		8	6	3
		7				5		
	8			7			2	
		1				9		
9	7	6		3			8	
	4				8	6		
		2	5	9		3		

Answer on page 210

Easy

Puzzle 75

	8							
5			4		6	1		
			2		7			4
	4	2						9
					1			
	6	1		3			5	
	7					6		
					4		9	7
		8	7				2	1

Answer on page 210

Easy

Puzzle 76

	7						9	
	5	8	7	9	2	1	3	
1		9	6		8	5		2
		5		8		7		
		6	3	7	9	8		
				1				
	8						1	
				5				
		1	9		3	2		

Answer on page 210

Easy

Puzzle 77

			4	1		8	6	
		6	2				7	5
	8				6	3		
	1	2		3				
3				2	9			
	5	8		7				
	2				8	4		
		1	3				8	6
			1	4		5	2	

Answer on page 210

Easy

Puzzle 78

	1		5	2	3		4	
	5	6		4		1	2	
		3				8		
1								9
3			4	7	9			5
	6		9	5	4		3	
		8		1		5		
5			7		2			1

Answer on page 210

Easy

Puzzle 79

		6		7				
				3			2	
5			2			8		
		3		6		5	8	
7	5		8					3
								9
		2	3			6		
	9		7				5	
				9	6			1

Answer on page 210

Easy

Puzzle 80

						3		7
5	7				2	4		
	9		5	7			2	
					6			1
	4		8	9	7		6	
6			4					
	3			1	5		7	
		8	7				9	3
9		7						

Answer on page 210

Easy

Puzzle 81

		6	1			8		
1		2		8			7	
7				2	6	9		3
	3	5				1		
9				4		6	2	
								5
	8				4		6	7
	2	7			8			
4				6		2	8	

Answer on page 211

Easy

Puzzle 82

1	7	4		6				2
8					5			
9	5		3	1		7		
	9		8					
			1	5	7			
					4		7	
		2		7	1		4	6
			4					3
4				8		2	5	7

Easy

Puzzle 83

			1				4	
2	1					9		3
4	7			8		1		
	8	6				7		
			6	2		8	9	5
	5	2				3		
6	3			5		4		
8	2					6		9
			2				3	

Answer on page 211

Easy   **Puzzle 84**

5							3	
			7	6			9	8
9			4		3	5		
	5			7	6	8		
	1			3			5	
		2	8	5			6	
		7	5		8			4
1	6			4	2			
	9							5

Answer on page 211

Easy

Puzzle 85

		1	8			3		
		9	3	2		5		
	3	8			1		2	
	9			6			5	
				5	8			7
	7			1			3	
	4	6			5		7	
		7	1	3		6		
		2	6			8		

Answer on page 211

Easy

Puzzle 86

			8					6
		4			3		9	8
6	9	8			4	2		7
						3		4
			7	8	5			
5		6						
9		3	2			1	7	5
2	6		5			8		
1					8			

Answer on page 211

Easy

Puzzle 87

1	6							4
9	4							
						8		1
				9	3	4		
			8					
			4			3	8	2
		2	6		8		3	
					7	2	4	
5		7			1			

Answer on page 211

Easy   **Puzzle 88**

	3	9	7	2		1		
	8			4	6			7
							3	5
5			2			3	7	
				1				
	9	2			3			4
9	7							
2			9	6			8	
		1		5	2	7	9	

Answer on page 211

Easy

Puzzle 89

5					1			
1	8	4					5	
	9	7	4					1
4				6	2	8		
	5				7	3		
2				4	3	9		
	1	6	7					3
7	4	5					8	
8					4			

Answer on page 212

Easy Puzzle 90

			8			3	7	
9		6						
					5		9	4
	2		7				1	3
8	3	5		1		7	6	9
6	1				3		2	
5	9		6					
						8		2
7	4			3				

Answer on page 212

Easy

Puzzle 91

					4	1		
		7					3	
	2	5	7					
		8	5					
				4	2	6		
5				6	7		9	4
1				7			2	
	7				8	5		
					3			7

Answer on page 212

Easy   **Puzzle 92**

	5		3			1		
	6	1		2	7			
					4	6	5	
	9			4			3	
5			8	9	1			7
	4			5			8	
	8	7	1					
			4	7		3	2	
		4			9		1	

Answer on page 212

Easy

Puzzle 93

	9	4				5		
	6		4		1			
1						8	4	9
				6	3		5	
	1	7	5		9		3	
				8	7		9	
8						9	7	3
	4		8		2			
	7	1				4		

Answer on page 212

Easy

Puzzle 94

					1			7
6	1						5	
	8	5	2			3		
3		6	8	4		2		5
				3				
1		4		5	6	7		3
		1			9	8	3	
	3						6	9
8			3					

Answer on page 212

Easy

Puzzle 95

	6		3		8			
	9	3	7	4	1		8	
		4					5	
			8			3		
7	4		5	6		9		
			9			7		
		7					3	
	3	5	1	2	7		4	
	2		4		9			

Answer on page 212

Easy   **Puzzle 96**

7			5			3	9	
	1					8		
5				3	4			2
					3	7	6	1
	3		6		5			
					8	2	5	3
8				1	6			7
	7					5		
9			8			6	3	

Answer on page 212

Medium

Puzzle 1

	9		5					
4						7		
			7	3			1	
		4	2		8			
		5	6	4		8		
				9	5	4		1
		1		8	6			
	7							5
6							2	

Answer on page 213

Medium　　　　　　　　**Puzzle 2**

						3		
8								4
	1	3	8				2	
4					5			3
3	9		2		7			
6					8			5
	8	2	7				4	
5								8
						6		

Answer on page 213

105

Medium

Puzzle 3

	3		4					
		2						5
		1			8			4
	6		1	3				2
1				4				6
4				2	5		3	
6			5			2		
2						9		
					2		1	

Answer on page 213

Medium

Puzzle 4

	4	9	8		2			
	6				9			
		8				3		
		5					4	9
8								
	1	2	9					6
			2		8	7		1
			7				3	5
1				5				

Answer on page 213

Medium

Puzzle 5

				1		4		
5			6		3			
	1						6	7
3			8					4
					5		7	9
1			2					6
	3						4	2
2			5		6			
				9		5		

Answer on page 213

Medium

Puzzle 6

6					5			
		4			7		5	3
	7					2		1
			7		9			
	1			2			4	
			1		3			
8		5					6	
1	3		8			7		
			9					5

Answer on page 213

Medium

Puzzle 7

7			9		2			5
8			4		6			9
3				5				4
		5				4		
9				8				7
	9		2		8		4	
		6		1		8		
	3						7	

Answer on page 213

Medium

Puzzle 8

4		6				1	8	3
5			8					
	9							
			4	3		6	2	
				1				
	7	3		2	8			
							9	
					5			8
8	1	7				5		4

Answer on page 213

Medium

Puzzle 9

3	9			5		4		
6			7					
						2		1
	7				1			2
5				8			1	
			3		6			5
1		9						
				6				9
		4	9		8		7	

Answer on page 214

Medium

Puzzle 10

3			2			7		
	4				9	2		
	7		4					6
8	3						9	
				5				
	5						2	3
7					4		6	
		4	1				5	
		8			7			1

Answer on page 214

Medium

Puzzle 11

8						2		1
	3		1					
6				2		5		
					6	8		9
			3	4	8			
					5	3		2
2				7		6		
	9		8					
1						4		3

Answer on page 214

Medium

Puzzle 12

			4			7	9	
		9		5	7			6
	2							1
				2			3	
		4			3		1	
	1		9					8
				3			5	
5	4		1			2		
	9							

Answer on page 214

Medium

Puzzle 13

	7	4						
2	5		6		4		3	
9		8						7
	9			4		7		5
			3				8	
	6							
			2			3		
	1			5			7	
		6	9					2

Medium

Puzzle 14

3			2				4	
		6	3				8	
					5			6
	3			6				
4	6			5			7	8
				4			2	
7			5					
	2				8	9		
	9				7			1

Answer on page 214

Medium

Puzzle 15

			2	4	1			
2	5					7		
	1							8
	9	3	6					
5			8			2		
	2	6	4					
	6							5
7	3					8		
			3	6	9			

Answer on page 214

Medium   **Puzzle 16**

	3	6						
5		2				8		
			9			6	3	
	1		4	7				
			1		3			
		4		8	6	9		
	4		6				5	1
		5			7			6
							4	

Answer on page 214

Medium

Puzzle 17

3		6						
	8					9	7	6
2								8
			9			3		
				1	4	2	9	
				8				5
	7		1	6		8		
	2			3				
	4	5			8			

Answer on page 215

Medium

Puzzle 18

							8	
6		5		1	8	4	7	
4		2						
3				2				
			1	4	6			
				5				9
						2		3
	2	4	6	3		7		5
	5							

Answer on page 215

Medium

Puzzle 19

		7	2					
	3							7
1					7	9	4	
5						7	8	
		8			4		5	
4						1	2	
9					6	2	1	
	1							5
		3	1					

Answer on page 215

Medium

Puzzle 20

				7			2	
	1						9	3
				6	2	8		
		7					3	4
			7	5	3			
6	5					7		
		9	6	3				
3	4						8	
	8			2				

Answer on page 215

Medium

Puzzle 21

					8	5	1	
	6							
				5		8	4	
			2	6	3			1
		7	5					
3			1			2		4
8		5			4			
9		3						
			9		5			2

Answer on page 215

Medium

Puzzle 22

7		1						6
6					8	4		
	8	2				9		
					9			
5			1	4	6			8
			7					
		7				2	1	
		4	6					5
1						8		4

Answer on page 215

Medium

Puzzle 23

	9	7	2		5	1	4	
				7				
6								3
		4				2		
				4				
	8						5	
4			9	3	7			1
		8				9		
	2		6		1		7	

Answer on page 215

Medium

Puzzle 24

		3	7		4			5
			6		5		9	
	7							
		9	5				4	7
	3			8				
					6		2	8
					7			2
3				4		6		
8	4							

Answer on page 215

Medium

Puzzle 25

			8				7	9
			2	1				3
	7				4		8	
		8			9			
3				2				7
			1			5		
	9		4				6	
1				5	6			
4	6			3				

Answer on page 216

Medium

Puzzle 26

			7		4			
				8				
		5				9		
	3			6			9	
		7		3		2		
4			9	7	8			1
				1				
1	2						3	8
	4		3		7		1	

Answer on page 216

Medium

Puzzle 27

					3	2		
8	9				4			5
	1		5				7	
			3			9	4	
				2				
	3	5			1			
	4				6		3	
1			8				9	6
		2	4					

Answer on page 216

Medium **Puzzle 28**

2			1	3	4			
	8				7			4
7					5			
9						5	2	
4	1		7		9		3	
				9		1		3
				7	8		6	
	3					9		

Answer on page 216

Medium

Puzzle 29

6					5			
9			2		7		5	
					4			1
							3	6
3	1			2			4	7
7	4							
8			4					
	3		8		6			4
			9					5

Answer on page 216

Medium

Puzzle 30

	6						2	
		4		9		1		
5				1				9
1				3				4
	8						7	
			8		1			
		2	1		6	7		
6		7	2		4	9		3

Answer on page 216

Medium

Puzzle 31

						4		7
2	4				7	9		
			1			6		
				7				8
	8		6	5	3		7	
1				8				
		6			2			
		5	7				9	2
3		7						

Answer on page 216

Medium

Puzzle 32

5								3
		8		5		6		
1				8				7
			8	7	5			
		6	2		1	3		
	8	7				4	2	
		2				1		
	3		9		4		8	

Answer on page 216

Medium

Puzzle 33

		9					3	
7			8					1
	2		5			7		
	3				8			
			2					
	5	8		4		9	2	
	1		7					6
	7	5	6		2	3		
							8	

Answer on page 217

Medium

Puzzle 34

4		7			9			
							2	
8		6	1					7
		4						
					6	1		
9				5			6	4
				6		5	7	2
	7				4	8		
		1			2	6		

Answer on page 217

Medium

Puzzle 35

5				8				7
8		4				3		2
2								4
9								8
		2		3		1		
			5		8			
			3		6			
		6	1		2	9		
		3		4		5		

Answer on page 217

Medium

Puzzle 36

	6			4	9			
			3			8		
7	3	5					1	
								3
9			4	5	1			7
1								
	1					5	2	6
		4			3			
			8	2			4	

Answer on page 217

Medium

Puzzle 37

9				3				7
7			1	8		5		
						3	6	
	8				1			
				4			1	5
3			6				4	
	7	6						
		1			9			
			4				5	3

Answer on page 217

Medium

Puzzle 38

5			7		4			
				5				
			1	6		8		3
9		1	5		8			6
	6	4		9		3		
2			4					
		9		8				
							7	
		5	3					1

Answer on page 217

Medium Puzzle 39

	1		7			5		4
	2		1	8				
							9	
9								5
				6	4			2
7								8
							3	
	3		4	2				
	6		3			1		9

Answer on page 217

Medium

Puzzle 40

		5			8		1	9
		9		6				7
						5		
	1							2
6			8				7	
		4	6	5				
3			7				8	4
	8				3			
5		2		8				

Answer on page 217

Medium

Puzzle 41

7								4
	2	4	8		6	5	3	
		1				9		
			9		3			
6								2
	8			4			6	
2	7						4	6
			6	5	2			
				7				

Answer on page 218

Medium

Puzzle 42

			7		9			3
	3			6				
				4		2	5	
		9	4					5
		4		1		8		
6					8	9		
	6	5		8				
				7			1	
8			2		3			

Answer on page 218

Medium

Puzzle 43

5		7	8					9
9			6			8	2	
							3	
					8			
	5	1		9				
8							9	2
	3			5				7
	7	8		2				
			9				4	6

Answer on page 218

Medium

Puzzle 44

				8	5			2
		9	4					
	7							
	6							7
8		1						6
7	5						9	
3				1			4	
6			7		2	8		
	1	2	8	9				

Answer on page 218

Medium

Puzzle 45

1	2					8		
6	4							
		7	9		6			
		3	7		8			4
						7	3	8
		8	5					
9				5				
				8			6	5
			3	1			9	

Answer on page 218

Medium

Puzzle 46

		3			5		1	
					7			2
	2			9		3		
							9	6
7	6	9	4			2		
				5				
1				6				5
9				2		4		
	3	6		1				

Answer on page 218

Medium

Puzzle 47

			1					3
				7	8			
		1				5		7
4				8				6
	2		9	6		1		
	6				1		9	
		3		5				
					3		6	
9		8	7					5

Answer on page 218

Medium

Puzzle 48

					2			9
					8	4	2	
4	1						8	
		4	2				9	
1			6					7
		5	8				6	
9	5						4	
					7	8	3	
					4			5

Hard

Puzzle 1

		6						
		2					9	5
3				8	2	4		7
8	7		4					
				9				
					6		1	3
2		8	6	5				4
4	1					9		
						2		

Answer on page 219

Hard

Puzzle 2

			3			8		5
	9			7				
	3				6		7	
1			2					
		6		3		1	4	
8			9					
	2				9		5	
	8			4				
			7			9		8

Answer on page 219

Hard

Puzzle 3

	5			3			8	
			2	7	5			
		2				7		
	9	8				2	1	
				9				
5		7				4		6
		4		2		8		
1				8				7
			5		1			

Answer on page 219

Hard

Puzzle 4

	1				7			9
9			4				1	
			2					8
	6	7	5			4		
				7				
4						2		6
			9		1			5
	5						3	
7		3			5	1		

Answer on page 219

Hard

Puzzle 5

	3			9				
6			3		8		7	2
4						9		
					9			
5		9		4		3		8
			7					
		7						3
8	2		6		1			5
				7			6	

Answer on page 219

Hard

Puzzle 6

			9		2	1	4	
		4		3				
	2							
3			6	7				
	8		2					9
6					4	7	2	
8					1	5		
1					9			3
				6			7	

Answer on page 219

Hard

Puzzle 7

							4	3
	3				7			2
9				1		8		
		1			9		2	
		8	3			6		
	7			5				
8				6	4			
			2				1	
3		5				4		

Answer on page 219

Hard

Puzzle 8

7			2			5		
				1	8	4		
				6			3	
		6			9	1		7
				4				
2		8	7			6		
	6			8				
		4	6	3				
		3			2			4

Answer on page 219

Hard

Puzzle 9

			3		1			
6								3
	1						2	
				7				
	2			9			1	
	9		2	3	4		8	
7		8				4		6
			5		7			
		4				7		

Answer on page 220

Hard

Puzzle 10

					2			6
			8		1	5		
		2	6		7		4	
	8	6					7	
				4				
2	5	7						9
	6						9	
		9	1			2		
1					6			

Answer on page 220

Hard

Puzzle 11

		1		4	3	7		
7				9			2	
							1	4
	1							2
		3		8		5		
9							7	
3	6							
	4			3				5
		7	9	6		3		

Answer on page 220

Hard

Puzzle 12

6								4
	5				9	8		
					3	5	7	
		3		6		2	8	
8		2		9	4			
	8			4	2			
		1					2	
5				1				8

Answer on page 220

Hard

Puzzle 13

		8	7	3				4
				1			8	
6	9						2	
1		2						
	3			4			5	
						9		1
	8						4	5
	5			7				
3				8	6	2		

Answer on page 220

Hard

Puzzle 14

5	3						2	6
1		6				8		5
	4	2				1	7	
			1		9			
				2				
		3	5	6	7	9		
	8			3			5	
	7						4	

Answer on page 220

Hard

Puzzle 15

8			6	7	4			
	7				3		2	
1			9					
		4					1	6
	8			6				9
						2		3
5					1			
				2			3	
		9				5		8

Answer on page 220

Hard

Puzzle 16

7				8	1			4
			7			6		
1			2				8	
			3					2
		2						7
	7				8	3	5	
2		4		9				
			8					
3		6				2		5

Answer on page 220

Hard

Puzzle 17

	4				9	2		
9					4			
		1	6	3		5	4	
		5			8	6		
		4						
6	9		5					
5		3	9				7	
		7				4		5
						2		

Answer on page 221

Hard

Puzzle 18

	4				6		3	2
		1	8		5			4
6								
		2			3		7	6
9		6		5				
							8	
				8	7		2	
	1							5
8				4		6		

Answer on page 221

Hard

Puzzle 19

4							6	3
					1		4	2
2		6	3					
		4			6		1	
				3				
	6					9		
					8	5		
7	8		2					
1	2					4		6

Answer on page 221

Hard

Puzzle 20

9		4	5				3	
	6							
3					8		7	6
7			8	1				
			2					4
		3			7	6		
					4		5	
5		1				2		
		9		8				1

Answer on page 221

Hard

Puzzle 21

3			2			7		
1	4				9			
			4					6
	3			6			9	
4				5				8
	5			4			2	
7					4			
			1				5	7
		8			7			1

Answer on page 221

Hard

Puzzle 22

		5		3		4		
	8	3						
4	7	1				8		2
			6		3		1	
5				7				
			8				9	
2		6						3
			1		5			
		8				6		7

Answer on page 221

Hard

Puzzle 23

		8	5	6	2	1		
	7						5	
2				7				9
		3	2		8	7		
6				4				2
				3				
1								7
		6				5		
			4	8	6			

Answer on page 221

Hard

Puzzle 24

9				8				
			9		5		3	4
		7			3			
	7						2	
1				2				3
	6	4				5		
					7	4	6	
	9		5			1		
	2			9				

Answer on page 221

Hard

Puzzle 25

3								
		6	3	4			2	
	2	7						4
					7	8		
	3	2			5	1	4	
					4	7		
	5	8						9
		4	9	2			6	
9								

Answer on page 222

Hard

Puzzle 26

	3				4			
6						4		
4	8			6	7	9		
						1		7
			1	4	6			
2		8						
		7	4	8			1	3
		4						5
			9				6	

Answer on page 222

Hard

Puzzle 27

7		2						
				9			4	6
4			2					8
		1	7	8				
	9		4					2
						1		5
					2	6	5	
	2					9		
	8	3		6	1			

Answer on page 222

Hard

Puzzle 28

			7				2	4
	7			8	3			
	8							3
4				3	1			
		3	5			1		
5				9	6			
	4							2
	3			7	8			
			4				6	8

Answer on page 222

Hard

Puzzle 29

		6				2		
		2		9		5		
4	7			5			9	3
	3						1	
			2		8			
7			1		4			5
		7				9		
6				1				2
			6		5			

Answer on page 222

Hard

Puzzle 30

	5		7			4		6
		6						3
4			6				1	
	2					3		
			3	1	4			
		3					6	
	4				5			8
3						1		
7		1			2		9	

Answer on page 222

Hard

Puzzle 31

	7			2			5	
			4		7			
		3				6		
	9	6				8	3	
				1				
			9	5	3			
			5		1			
3			8	7	6			9
5				9				7

Answer on page 222

Hard

Puzzle 32

7					4	5		
			3					
4	8				7		3	
		6				1	5	
	7			4			2	
	1	8				6		
	6		4				1	3
					1			
		3	9					4

Answer on page 222

Hard

Puzzle 33

				7	2		4	
	4				1	6	9	
								8
						7		
9				3		5		6
7	6							2
	5		4	8				
6	2							
		9		6	5			3

Answer on page 223

Hard

Puzzle 34

		5					1	
1				7	9	6		
	9				3	8		
2				1				
							3	8
8				6				
	1				6	4		
4				3	7	2		
		9					3	

Answer on page 223

Hard

Puzzle 35

			7			1		
				1	9			6
8		7						
6	8		5					2
2			4				5	
1	4		2					8
4		6						
				6	2			9
			1			6		

Answer on page 223

Hard

Puzzle 36

1			7			4		
					6	5		9
	1				5		2	4
8		3		4		7		6
4	6		2				8	
7		2	8					
		6			3			2

Answer on page 223

Hard

Puzzle 37

		3	2					8
1				3				
				7				
			4					
6		5				4	2	
8					1			6
		8		4				9
3	6							
7	4		9	1			3	

Answer on page 223

Hard

Puzzle 38

1		6			3			9
				5		7		
4			9				6	
		2					8	
3				1				2
	1					3		
	6				8			5
		5		9				
7			4			2		3

Hard

Puzzle 39

					3	2		9
8					4			
	1		5		9		7	
							4	7
		9		2		1		
7	3							
	4		7		6		3	
			8					6
3		2	4					

Answer on page 223

Hard

Puzzle 40

9				6				
7		5			3		1	
		1	8		7			
		4			2		3	
				3				
	9		5			7		
			4		1	8		
	2		6			1		9
				8				6

Answer on page 223

Hard

Puzzle 41

	8		9				6	
		2	4	1				9
	6			7		1		
			5	6				
					4	7	2	
					8		3	4
1							8	
	2					4		6
8		4						

Answer on page 224

Hard

Puzzle 42

		3					2	9
	9				8	6		5
1								
			3			9		
				8				6
	6					1		4
	4		7		9	5		
6								
5	7			2	4			8

Answer on page 224

Hard

Puzzle 43

6		1						
		4	2		7			
5		3		9				1
					9			6
	1			2			4	
7			1					
8				7		3		2
			8		6	7		
						8		5

Answer on page 224

Hard

Puzzle 44

7				9				6
					8		7	
4							3	
			8				5	7
5			1	4	6			8
2	1				3			
	6							3
	2		6					
1				7				4

Answer on page 224

Hard

Puzzle 45

		8		1				
	5		2		4			9
6								
	8	6			7	4		
	7		3				5	
	2	3			9	7		
8								
	9		4		5			2
		2		6				

Answer on page 224

Hard

Puzzle 46

	8				6		4	
1					9	2		
		9	4			3		
8							9	
		2		5		1		
	5							3
		3			4	8		
		4	1					7
	9		6				3	

Answer on page 224

Hard

Puzzle 47

	1				5		9	
4		2						3
			7					
	2			1			6	
5	6		3					
	4			9			2	
			4					
8		1						7
	9				6		8	

Answer on page 224

Hard

Puzzle 48

7				2		9		
		9		3	5	1		2
							4	
	1	2	5					
				1				
					9	8	1	
	9							
4		5	9	6		2		
		7		4				3

Answer on page 224

Solutions — Easy

Puzzle 1

4	7	6	1	2	5	9	8	3
5	8	9	4	7	3	6	2	1
1	3	2	8	9	6	7	4	5
8	5	7	3	6	1	2	9	4
9	1	4	5	8	2	3	7	6
6	2	3	9	4	7	5	1	8
2	6	1	7	3	8	4	5	9
3	4	8	2	5	9	1	6	7
7	9	5	6	1	4	8	3	2

Puzzle 2

2	7	3	9	4	5	8	1	6
8	6	4	1	3	7	5	9	2
1	5	9	2	8	6	7	3	4
6	2	5	3	1	9	4	8	7
3	1	8	7	2	4	6	5	9
9	4	7	6	5	8	3	2	1
5	8	2	4	7	1	9	6	3
7	3	6	5	9	2	1	4	8
4	9	1	8	6	3	2	7	5

Puzzle 3

2	7	6	3	5	9	4	8	1
9	5	1	2	4	8	6	7	3
8	3	4	1	7	6	9	2	5
1	9	2	7	6	4	3	5	8
7	8	5	9	3	2	1	4	6
4	6	3	5	8	1	2	9	7
6	2	9	8	1	5	7	3	4
5	4	7	6	9	3	8	1	2
3	1	8	4	2	7	5	6	9

Puzzle 4

6	3	2	4	9	5	7	1	8
8	7	4	3	2	1	5	6	9
9	5	1	7	6	8	2	3	4
7	2	3	9	5	6	8	4	1
4	8	6	1	3	2	9	7	5
5	1	9	8	4	7	6	2	3
2	6	8	5	1	3	4	9	7
3	9	7	6	8	4	1	5	2
1	4	5	2	7	9	3	8	6

Puzzle 5

2	5	6	9	1	3	8	7	4
1	8	7	2	4	6	3	9	5
9	3	4	7	5	8	1	6	2
4	1	3	5	8	9	6	2	7
7	2	8	4	6	1	9	5	3
5	6	9	3	2	7	4	1	8
6	9	5	8	3	2	7	4	1
3	7	2	1	9	4	5	8	6
8	4	1	6	7	5	2	3	9

Puzzle 6

2	1	6	5	3	8	4	9	7
4	3	9	6	7	1	5	8	2
7	5	8	9	4	2	3	6	1
6	7	3	1	5	9	8	2	4
8	4	5	3	2	6	1	7	9
9	2	1	4	8	7	6	5	3
5	8	2	7	1	3	9	4	6
1	9	4	2	6	5	7	3	8
3	6	7	8	9	4	2	1	5

Puzzle 7

7	1	6	3	4	2	9	5	8
9	5	4	8	7	6	3	1	2
3	2	8	1	5	9	7	6	4
2	4	9	7	1	8	6	3	5
6	7	5	2	3	4	8	9	1
8	3	1	6	9	5	2	4	7
5	6	7	9	8	1	4	2	3
4	9	3	5	2	7	1	8	6
1	8	2	4	6	3	5	7	9

Puzzle 8

1	5	2	4	3	6	9	8	7
6	7	9	8	2	5	3	4	1
8	3	4	9	1	7	6	5	2
4	9	7	3	6	8	2	1	5
2	1	6	5	9	4	7	3	8
5	8	3	2	7	1	4	6	9
7	4	8	6	5	2	1	9	3
3	6	1	7	8	9	5	2	4
9	2	5	1	4	3	8	7	6

Solutions — Easy

Puzzle 9

8	7	4	6	5	2	9	1	3
5	9	3	1	7	8	2	4	6
6	2	1	4	9	3	7	8	5
9	3	8	2	4	1	5	6	7
7	1	6	8	3	5	4	2	9
2	4	5	9	6	7	8	3	1
1	6	7	5	8	4	3	9	2
3	8	9	7	2	6	1	5	4
4	5	2	3	1	9	6	7	8

Puzzle 10

9	5	2	4	6	7	8	1	3
4	3	8	2	9	1	5	6	7
1	6	7	8	3	5	9	4	2
2	8	3	6	4	9	7	5	1
5	4	6	7	1	3	2	8	9
7	9	1	5	2	8	4	3	6
8	7	9	3	5	6	1	2	4
6	1	4	9	8	2	3	7	5
3	2	5	1	7	4	6	9	8

Puzzle 11

6	1	8	2	9	5	3	7	4
4	7	3	6	1	8	9	5	2
2	9	5	3	7	4	8	1	6
5	8	9	4	6	3	7	2	1
1	6	4	8	2	7	5	3	9
3	2	7	9	5	1	6	4	8
8	5	2	7	4	6	1	9	3
9	3	1	5	8	2	4	6	7
7	4	6	1	3	9	2	8	5

Puzzle 12

2	4	3	9	8	7	1	6	5
8	1	7	5	6	3	9	4	2
6	5	9	4	1	2	8	3	7
4	3	5	2	7	9	6	1	8
1	2	8	6	3	5	7	9	4
7	9	6	1	4	8	5	2	3
5	6	4	8	2	1	3	7	9
9	7	1	3	5	4	2	8	6
3	8	2	7	9	6	4	5	1

Puzzle 13

9	7	5	2	3	1	4	6	8
2	6	1	8	5	4	3	7	9
4	8	3	6	7	9	2	5	1
6	1	8	4	9	5	7	3	2
3	4	2	7	8	6	1	9	5
7	5	9	3	1	2	6	8	4
1	3	7	5	4	8	9	2	6
5	9	6	1	2	7	8	4	3
8	2	4	9	6	3	5	1	7

Puzzle 14

5	6	7	8	1	4	3	2	9
3	1	9	2	6	7	5	8	4
4	2	8	5	3	9	6	7	1
6	5	4	1	7	8	2	9	3
9	7	3	4	2	6	1	5	8
1	8	2	9	5	3	4	6	7
7	9	6	3	4	5	8	1	2
8	4	1	6	9	2	7	3	5
2	3	5	7	8	1	9	4	6

Puzzle 15

2	3	5	8	6	9	4	7	1
1	7	8	4	5	3	2	9	6
6	9	4	2	1	7	3	5	8
3	1	7	5	9	4	6	8	2
4	8	6	1	7	2	5	3	9
5	2	9	3	8	6	1	4	7
9	6	1	7	4	5	8	2	3
8	4	2	9	3	1	7	6	5
7	5	3	6	2	8	9	1	4

Puzzle 16

8	6	7	9	4	1	3	5	2
5	2	3	8	6	7	9	4	1
4	9	1	3	5	2	6	7	8
2	4	6	5	8	3	1	9	7
1	8	9	7	2	6	4	3	5
7	3	5	4	1	9	2	8	6
6	7	4	2	3	8	5	1	9
3	1	8	6	9	5	7	2	4
9	5	2	1	7	4	8	6	3

Solutions — Easy

Puzzle 17

9	5	3	4	2	6	8	7	1
6	2	1	7	8	3	9	4	5
8	4	7	1	9	5	3	6	2
3	7	4	6	5	1	2	9	8
2	6	9	3	4	8	1	5	7
5	1	8	9	7	2	6	3	4
4	3	6	8	1	7	5	2	9
1	9	5	2	6	4	7	8	3
7	8	2	5	3	9	4	1	6

Puzzle 18

6	7	4	2	9	1	3	8	5
8	3	5	6	4	7	9	2	1
2	1	9	5	3	8	7	4	6
7	6	2	1	5	9	8	3	4
3	5	8	7	2	4	6	1	9
4	9	1	8	6	3	5	7	2
5	4	3	9	8	2	1	6	7
1	2	6	3	7	5	4	9	8
9	8	7	4	1	6	2	5	3

Puzzle 19

1	3	8	9	6	7	5	4	2
6	4	9	2	5	1	3	7	8
5	2	7	4	8	3	9	6	1
8	7	4	3	1	2	6	9	5
3	5	6	7	9	8	1	2	4
2	9	1	5	4	6	8	3	7
9	8	2	1	3	4	7	5	6
7	1	3	6	2	5	4	8	9
4	6	5	8	7	9	2	1	3

Puzzle 20

4	7	1	8	3	6	5	9	2
8	5	2	4	7	9	3	1	6
3	6	9	2	1	5	4	8	7
5	2	6	9	4	1	7	3	8
1	9	8	3	5	7	6	2	4
7	3	4	6	2	8	1	5	9
6	4	3	1	8	2	9	7	5
2	1	5	7	9	4	8	6	3
9	8	7	5	6	3	2	4	1

Puzzle 21

3	9	6	7	8	2	4	5	1
5	1	7	4	3	6	9	8	2
4	8	2	9	5	1	3	7	6
8	3	5	6	9	4	1	2	7
9	2	1	3	7	5	6	4	8
6	7	4	2	1	8	5	3	9
2	6	9	5	4	7	8	1	3
1	4	3	8	2	9	7	6	5
7	5	8	1	6	3	2	9	4

Puzzle 22

8	1	7	3	5	6	4	9	2
2	9	4	8	1	7	3	5	6
6	5	3	2	4	9	1	8	7
7	2	1	9	8	3	6	4	5
3	4	8	6	7	5	2	1	9
9	6	5	4	2	1	8	7	3
1	3	2	5	9	8	7	6	4
4	7	9	1	6	2	5	3	8
5	8	6	7	3	4	9	2	1

Puzzle 23

4	1	9	2	7	8	5	3	6
8	6	2	5	9	3	4	7	1
7	3	5	1	6	4	2	8	9
6	2	8	9	3	7	1	5	4
9	4	7	6	5	1	3	2	8
3	5	1	8	4	2	6	9	7
2	9	6	7	1	5	8	4	3
1	8	3	4	2	9	7	6	5
5	7	4	3	8	6	9	1	2

Puzzle 24

5	6	2	9	4	8	3	1	7
8	7	1	6	5	3	2	9	4
4	3	9	1	7	2	6	8	5
1	8	4	3	2	6	7	5	9
3	5	7	4	9	1	8	2	6
9	2	6	7	8	5	4	3	1
6	1	5	2	3	7	9	4	8
2	9	8	5	6	4	1	7	3
7	4	3	8	1	9	5	6	2

Solutions — Easy

Puzzle 25

5	8	3	9	6	7	2	1	4
7	4	1	2	5	3	8	6	9
6	2	9	8	1	4	5	3	7
4	5	2	7	8	6	3	9	1
8	3	6	1	4	9	7	5	2
9	1	7	3	2	5	4	8	6
3	7	4	6	9	8	1	2	5
1	9	5	4	3	2	6	7	8
2	6	8	5	7	1	9	4	3

Puzzle 26

8	7	1	5	9	2	3	6	4
9	6	2	4	3	1	5	7	8
3	5	4	8	7	6	2	9	1
4	9	3	6	2	5	1	8	7
2	1	6	9	8	7	4	5	3
7	8	5	3	1	4	6	2	9
1	4	8	2	6	9	7	3	5
5	2	9	7	4	3	8	1	6
6	3	7	1	5	8	9	4	2

Puzzle 27

4	5	8	6	7	1	2	9	3
9	3	7	8	4	2	6	1	5
1	2	6	9	3	5	7	4	8
2	1	5	7	6	8	4	3	9
8	6	3	1	9	4	5	2	7
7	4	9	2	5	3	8	6	1
5	8	1	3	2	6	9	7	4
3	7	2	4	8	9	1	5	6
6	9	4	5	1	7	3	8	2

Puzzle 28

7	1	8	5	3	4	9	2	6
2	5	4	9	7	6	1	8	3
9	3	6	1	8	2	7	5	4
5	2	7	8	4	1	3	6	9
8	9	1	6	5	3	4	7	2
6	4	3	2	9	7	5	1	8
1	7	9	4	6	8	2	3	5
3	8	5	7	2	9	6	4	1
4	6	2	3	1	5	8	9	7

Puzzle 29

4	9	8	1	3	5	2	6	7
7	5	6	2	9	4	3	1	8
2	3	1	6	7	8	4	9	5
8	4	2	3	6	7	9	5	1
5	1	9	4	8	2	7	3	6
6	7	3	5	1	9	8	2	4
1	8	7	9	2	6	5	4	3
3	2	5	7	4	1	6	8	9
9	6	4	8	5	3	1	7	2

Puzzle 30

2	4	5	1	9	6	7	8	3
7	3	8	4	5	2	1	9	6
9	6	1	3	8	7	2	4	5
4	8	9	6	7	5	3	2	1
1	7	2	8	3	9	5	6	4
6	5	3	2	1	4	8	7	9
5	2	6	7	4	3	9	1	8
8	9	4	5	2	1	6	3	7
3	1	7	9	6	8	4	5	2

Puzzle 31

5	2	9	7	6	1	4	8	3
6	8	4	3	2	9	7	1	5
7	1	3	8	4	5	2	6	9
4	7	1	9	3	8	5	2	6
8	9	2	5	7	6	3	4	1
3	5	6	2	1	4	9	7	8
1	6	7	4	5	3	8	9	2
2	3	8	6	9	7	1	5	4
9	4	5	1	8	2	6	3	7

Puzzle 32

5	9	7	2	4	8	6	3	1
6	2	8	9	1	3	5	4	7
4	3	1	6	7	5	2	9	8
8	7	3	5	9	2	4	1	6
1	5	6	3	8	4	9	7	2
9	4	2	1	6	7	8	5	3
2	6	5	4	3	1	7	8	9
3	8	9	7	5	6	1	2	4
7	1	4	8	2	9	3	6	5

Solutions — Easy

Puzzle **33**

1	4	6	2	9	5	7	3	8
5	7	3	1	6	8	2	9	4
9	2	8	4	3	7	6	1	5
8	1	9	6	2	4	5	7	3
4	3	5	9	7	1	8	2	6
2	6	7	5	8	3	1	4	9
6	8	2	3	1	9	4	5	7
3	5	1	7	4	6	9	8	2
7	9	4	8	5	2	3	6	1

Puzzle **34**

2	1	4	9	6	7	8	3	5
3	9	5	1	2	8	7	6	4
8	7	6	4	5	3	2	9	1
5	6	8	7	1	2	3	4	9
9	4	7	3	8	5	6	1	2
1	3	2	6	4	9	5	8	7
4	2	3	8	7	1	9	5	6
6	5	9	2	3	4	1	7	8
7	8	1	5	9	6	4	2	3

Puzzle **35**

5	1	9	8	3	6	2	4	7
7	6	2	4	9	5	8	3	1
4	3	8	7	1	2	9	5	6
2	7	3	1	5	8	4	6	9
8	4	6	3	2	9	7	1	5
9	5	1	6	4	7	3	2	8
6	9	5	2	8	4	1	7	3
1	8	4	5	7	3	6	9	2
3	2	7	9	6	1	5	8	4

Puzzle **36**

5	6	7	4	2	9	1	3	8
3	8	4	7	1	6	9	5	2
1	9	2	3	8	5	4	6	7
2	5	6	8	9	4	7	1	3
7	3	1	5	6	2	8	9	4
9	4	8	1	7	3	5	2	6
6	2	5	9	4	8	3	7	1
8	7	3	6	5	1	2	4	9
4	1	9	2	3	7	6	8	5

Puzzle **37**

2	7	8	1	4	5	3	9	6
3	5	6	9	8	2	1	4	7
9	4	1	7	3	6	5	8	2
6	3	2	5	1	4	9	7	8
5	1	9	8	6	7	2	3	4
4	8	7	2	9	3	6	1	5
1	6	3	4	2	8	7	5	9
8	9	5	6	7	1	4	2	3
7	2	4	3	5	9	8	6	1

Puzzle **38**

2	3	7	9	5	1	4	6	8
4	5	6	3	7	8	2	1	9
9	8	1	2	4	6	7	5	3
6	9	8	4	1	2	3	7	5
1	7	4	6	3	5	9	8	2
5	2	3	8	9	7	6	4	1
8	4	9	1	6	3	5	2	7
3	1	5	7	2	4	8	9	6
7	6	2	5	8	9	1	3	4

Puzzle **39**

6	9	2	8	7	5	1	3	4
3	8	1	9	4	2	5	7	6
4	7	5	3	1	6	8	2	9
5	1	9	4	6	7	2	8	3
7	2	3	1	9	8	6	4	5
8	4	6	5	2	3	7	9	1
2	6	4	7	3	1	9	5	8
9	5	7	6	8	4	3	1	2
1	3	8	2	5	9	4	6	7

Puzzle **40**

2	5	6	9	7	3	4	1	8
9	4	7	1	8	6	3	2	5
8	3	1	5	4	2	9	7	6
5	8	2	7	6	9	1	3	4
7	1	3	4	2	8	6	5	9
6	9	4	3	1	5	7	8	2
3	6	5	2	9	7	8	4	1
1	2	8	6	3	4	5	9	7
4	7	9	8	5	1	2	6	3

Solutions — Easy

Puzzle 41

3	9	1	7	4	5	2	6	8
7	4	8	6	2	9	1	5	3
5	2	6	1	8	3	9	7	4
9	1	5	4	6	8	7	3	2
2	8	7	3	9	1	6	4	5
6	3	4	2	5	7	8	1	9
4	7	3	9	1	2	5	8	6
8	6	9	5	7	4	3	2	1
1	5	2	8	3	6	4	9	7

Puzzle 42

8	7	5	2	4	1	9	3	6
4	9	3	7	5	6	1	8	2
1	2	6	3	9	8	4	5	7
7	6	2	8	3	9	5	1	4
9	3	1	5	6	4	2	7	8
5	4	8	1	2	7	6	9	3
2	5	4	9	7	3	8	6	1
3	8	9	6	1	2	7	4	5
6	1	7	4	8	5	3	2	9

Puzzle 43

7	8	4	1	2	9	3	6	5
3	1	9	5	6	8	2	4	7
6	2	5	3	4	7	1	8	9
9	6	2	4	8	1	7	5	3
5	3	7	2	9	6	4	1	8
1	4	8	7	5	3	9	2	6
8	5	1	9	7	2	6	3	4
4	9	3	6	1	5	8	7	2
2	7	6	8	3	4	5	9	1

Puzzle 44

4	1	2	3	5	7	9	6	8
8	9	7	6	2	4	5	3	1
3	6	5	1	9	8	4	2	7
6	5	9	4	8	1	3	7	2
7	8	3	2	6	9	1	5	4
2	4	1	7	3	5	8	9	6
5	2	6	8	4	3	7	1	9
1	3	8	9	7	6	2	4	5
9	7	4	5	1	2	6	8	3

Puzzle 45

3	1	6	5	2	4	7	9	8
2	8	7	9	6	3	5	1	4
5	9	4	8	7	1	6	2	3
6	4	8	1	9	7	2	3	5
1	2	5	4	3	8	9	7	6
7	3	9	2	5	6	4	8	1
8	7	2	3	4	5	1	6	9
9	5	3	6	1	2	8	4	7
4	6	1	7	8	9	3	5	2

Puzzle 46

5	4	1	6	7	2	8	9	3
2	7	8	9	3	4	1	6	5
6	9	3	5	1	8	2	4	7
9	5	2	1	8	6	3	7	4
4	1	6	3	2	7	5	8	9
8	3	7	4	9	5	6	1	2
1	2	4	8	5	9	7	3	6
3	6	5	7	4	1	9	2	8
7	8	9	2	6	3	4	5	1

Puzzle 47

5	4	7	9	2	3	8	1	6
1	8	6	4	5	7	2	9	3
3	9	2	8	1	6	5	7	4
4	3	1	5	6	8	9	2	7
6	7	9	2	4	1	3	5	8
8	2	5	7	3	9	4	6	1
7	1	8	3	9	2	6	4	5
2	5	3	6	7	4	1	8	9
9	6	4	1	8	5	7	3	2

Puzzle 48

9	7	3	4	8	5	1	6	2
5	2	1	9	7	6	3	8	4
6	4	8	1	3	2	7	5	9
1	9	5	2	4	3	8	7	6
2	8	6	7	5	1	9	4	3
7	3	4	6	9	8	5	2	1
8	5	2	3	6	9	4	1	7
4	1	9	8	2	7	6	3	5
3	6	7	5	1	4	2	9	8

Solutions — Easy

Puzzle 49

2	1	7	6	9	3	5	8	4
5	8	3	4	2	1	7	9	6
9	4	6	8	5	7	1	3	2
6	7	1	9	4	8	3	2	5
3	2	4	1	6	5	8	7	9
8	9	5	7	3	2	6	4	1
1	5	8	2	7	4	9	6	3
7	6	2	3	1	9	4	5	8
4	3	9	5	8	6	2	1	7

Puzzle 50

8	4	1	2	7	3	9	5	6
5	3	6	8	9	4	7	1	2
9	2	7	1	6	5	8	4	3
1	8	4	6	3	9	2	7	5
2	7	5	4	1	8	3	6	9
3	6	9	7	5	2	1	8	4
7	1	2	9	4	6	5	3	8
6	5	8	3	2	1	4	9	7
4	9	3	5	8	7	6	2	1

Puzzle 51

1	4	7	5	3	8	9	6	2
6	9	5	4	2	1	7	8	3
8	2	3	6	7	9	5	4	1
5	7	8	9	6	2	3	1	4
3	1	2	8	4	7	6	9	5
4	6	9	3	1	5	2	7	8
7	8	1	2	9	3	4	5	6
2	5	6	7	8	4	1	3	9
9	3	4	1	5	6	8	2	7

Puzzle 52

7	8	3	5	2	9	1	4	6
4	1	9	8	6	7	5	3	2
6	2	5	4	1	3	7	9	8
8	5	2	9	7	6	4	1	3
3	7	1	2	5	4	8	6	9
9	6	4	3	8	1	2	7	5
2	4	6	1	9	5	3	8	7
5	3	7	6	4	8	9	2	1
1	9	8	7	3	2	6	5	4

Puzzle 53

9	6	2	4	7	3	8	5	1
1	3	5	6	8	9	4	7	2
7	8	4	2	1	5	9	6	3
4	1	6	8	2	7	5	3	9
2	9	3	5	4	6	7	1	8
5	7	8	9	3	1	2	4	6
3	4	9	7	6	2	1	8	5
8	5	1	3	9	4	6	2	7
6	2	7	1	5	8	3	9	4

Puzzle 54

5	8	7	9	1	6	3	4	2
3	2	6	7	4	5	8	9	1
9	1	4	3	2	8	5	6	7
6	4	5	1	9	7	2	3	8
7	9	2	8	6	3	1	5	4
1	3	8	2	5	4	6	7	9
2	5	9	6	7	1	4	8	3
4	7	3	5	8	2	9	1	6
8	6	1	4	3	9	7	2	5

Puzzle 55

6	7	5	4	9	3	8	1	2
2	4	8	5	7	1	6	9	3
1	9	3	8	6	2	4	5	7
4	8	9	3	2	5	7	6	1
5	6	2	7	1	4	9	3	8
3	1	7	9	8	6	2	4	5
9	2	1	6	5	7	3	8	4
8	5	4	2	3	9	1	7	6
7	3	6	1	4	8	5	2	9

Puzzle 56

5	4	7	1	8	3	9	6	2
9	1	8	6	2	4	7	5	3
6	3	2	7	9	5	1	8	4
7	2	1	4	5	8	6	3	9
3	5	6	9	1	2	8	4	7
8	9	4	3	7	6	5	2	1
4	7	3	8	6	1	2	9	5
1	8	5	2	3	9	4	7	6
2	6	9	5	4	7	3	1	8

Solutions — Easy

Puzzle 57

7	9	6	8	2	3	4	5	1
5	8	3	6	1	4	9	2	7
1	4	2	9	7	5	6	8	3
3	7	8	2	6	1	5	4	9
6	5	4	3	8	9	7	1	2
2	1	9	5	4	7	8	3	6
9	6	1	4	3	8	2	7	5
4	2	7	1	5	6	3	9	8
8	3	5	7	9	2	1	6	4

Puzzle 58

7	4	5	3	6	1	8	9	2
9	8	2	7	5	4	3	6	1
1	6	3	2	8	9	7	4	5
3	9	7	8	1	2	6	5	4
8	5	6	4	9	3	1	2	7
2	1	4	5	7	6	9	8	3
6	2	9	1	3	5	4	7	8
5	7	1	6	4	8	2	3	9
4	3	8	9	2	7	5	1	6

Puzzle 59

8	2	3	4	7	1	6	5	9
6	7	9	5	8	2	4	3	1
1	4	5	3	6	9	8	7	2
9	5	2	1	3	4	7	6	8
4	6	8	9	5	7	1	2	3
3	1	7	8	2	6	9	4	5
7	9	1	2	4	5	3	8	6
2	8	6	7	9	3	5	1	4
5	3	4	6	1	8	2	9	7

Puzzle 60

1	6	8	4	9	3	7	2	5
3	4	2	6	5	7	9	1	8
9	5	7	8	1	2	6	4	3
4	7	9	2	8	6	5	3	1
2	3	1	5	7	9	8	6	4
5	8	6	3	4	1	2	7	9
6	1	3	9	2	8	4	5	7
8	2	4	7	3	5	1	9	6
7	9	5	1	6	4	3	8	2

Puzzle 61

1	9	6	5	4	3	7	8	2
3	2	5	8	7	1	9	6	4
7	4	8	6	9	2	5	3	1
6	1	2	9	8	7	4	5	3
8	5	9	2	3	4	1	7	6
4	3	7	1	6	5	2	9	8
9	6	4	7	2	8	3	1	5
5	7	3	4	1	6	8	2	9
2	8	1	3	5	9	6	4	7

Puzzle 62

9	1	8	2	5	4	3	7	6
6	2	7	3	9	8	1	5	4
3	4	5	6	7	1	9	2	8
4	8	1	9	2	6	7	3	5
2	9	3	5	8	7	6	4	1
5	7	6	1	4	3	8	9	2
1	3	9	4	6	2	5	8	7
7	5	4	8	1	9	2	6	3
8	6	2	7	3	5	4	1	9

Puzzle 63

1	8	9	7	2	4	3	5	6
7	3	6	1	5	8	9	2	4
2	4	5	9	6	3	8	7	1
5	9	8	3	4	2	1	6	7
6	1	2	5	7	9	4	3	8
4	7	3	6	8	1	5	9	2
8	5	1	2	9	6	7	4	3
3	6	7	4	1	5	2	8	9
9	2	4	8	3	7	6	1	5

Puzzle 64

7	3	4	9	8	1	6	5	2
2	6	8	5	3	7	1	9	4
9	5	1	2	4	6	8	7	3
4	1	6	7	9	5	3	2	8
5	2	3	8	6	4	7	1	9
8	7	9	1	2	3	4	6	5
3	8	5	6	1	2	9	4	7
1	9	7	4	5	8	2	3	6
6	4	2	3	7	9	5	8	1

Solutions — Easy

Puzzle **65**

9	1	6	5	2	7	4	3	8
5	4	3	6	9	8	1	7	2
7	2	8	1	4	3	5	9	6
4	3	5	2	1	9	8	6	7
1	6	2	7	8	5	9	4	3
8	9	7	3	6	4	2	5	1
3	5	4	8	7	2	6	1	9
6	8	9	4	3	1	7	2	5
2	7	1	9	5	6	3	8	4

Puzzle **66**

5	1	9	8	3	4	6	2	7
8	2	7	9	5	6	3	4	1
4	3	6	7	1	2	8	5	9
1	6	3	2	9	7	5	8	4
7	4	5	6	8	1	2	9	3
9	8	2	5	4	3	7	1	6
2	9	4	3	6	5	1	7	8
6	7	8	1	2	9	4	3	5
3	5	1	4	7	8	9	6	2

Puzzle **67**

9	5	3	6	1	2	4	7	8
1	8	7	9	4	5	2	6	3
4	6	2	7	8	3	9	1	5
3	2	6	5	7	1	8	9	4
8	1	4	3	6	9	7	5	2
7	9	5	4	2	8	1	3	6
2	3	1	8	9	6	5	4	7
5	4	8	1	3	7	6	2	9
6	7	9	2	5	4	3	8	1

Puzzle **68**

6	9	5	2	7	8	4	1	3
8	3	2	6	4	1	5	9	7
1	4	7	5	9	3	2	6	8
5	2	9	1	3	4	8	7	6
4	8	3	7	6	5	1	2	9
7	1	6	8	2	9	3	5	4
3	5	4	9	1	6	7	8	2
9	7	8	3	5	2	6	4	1
2	6	1	4	8	7	9	3	5

Puzzle **69**

4	5	9	1	3	7	8	2	6
8	6	2	9	4	5	7	3	1
1	3	7	6	8	2	4	9	5
5	4	3	2	6	1	9	7	8
6	2	1	7	9	8	5	4	3
9	7	8	3	5	4	6	1	2
2	8	5	4	7	3	1	6	9
7	1	6	5	2	9	3	8	4
3	9	4	8	1	6	2	5	7

Puzzle **70**

3	9	2	5	4	1	8	6	7
5	7	6	9	2	8	4	3	1
8	4	1	7	6	3	5	9	2
2	3	5	6	8	4	7	1	9
1	6	9	3	5	7	2	8	4
7	8	4	1	9	2	6	5	3
9	2	8	4	1	6	3	7	5
6	5	3	2	7	9	1	4	8
4	1	7	8	3	5	9	2	6

Puzzle **71**

2	9	4	5	3	6	1	7	8
7	6	8	1	2	4	3	5	9
1	3	5	9	7	8	4	6	2
6	2	7	8	5	1	9	3	4
8	4	9	2	6	3	5	1	7
3	5	1	4	9	7	8	2	6
5	1	2	7	4	9	6	8	3
4	8	6	3	1	2	7	9	5
9	7	3	6	8	5	2	4	1

Puzzle **72**

7	6	9	4	8	3	2	5	1
8	2	1	6	5	7	3	4	9
4	3	5	2	1	9	6	8	7
9	7	3	5	4	8	1	2	6
6	8	2	7	3	1	5	9	4
1	5	4	9	6	2	8	7	3
3	9	7	8	2	6	4	1	5
2	4	6	1	9	5	7	3	8
5	1	8	3	7	4	9	6	2

Solutions — Easy

Puzzle 73

8	9	3	1	4	5	7	2	6
4	6	2	9	7	3	8	5	1
5	1	7	2	8	6	9	3	4
3	2	1	6	5	8	4	7	9
7	5	8	4	2	9	1	6	3
9	4	6	7	3	1	2	8	5
6	8	9	5	1	7	3	4	2
1	7	4	3	6	2	5	9	8
2	3	5	8	9	4	6	1	7

Puzzle 74

6	9	8	3	1	4	7	5	2
7	5	3	6	8	2	1	4	9
1	2	4	9	5	7	8	6	3
4	3	7	2	6	9	5	1	8
5	8	9	1	7	3	4	2	6
2	6	1	8	4	5	9	3	7
9	7	6	4	3	1	2	8	5
3	4	5	7	2	8	6	9	1
8	1	2	5	9	6	3	7	4

Puzzle 75

2	8	4	1	9	3	7	6	5
5	9	7	4	8	6	1	3	2
3	1	6	2	5	7	9	8	4
8	4	2	6	7	5	3	1	9
9	5	3	8	4	1	2	7	6
7	6	1	9	3	2	4	5	8
1	7	9	5	2	8	6	4	3
6	2	5	3	1	4	8	9	7
4	3	8	7	6	9	5	2	1

Puzzle 76

2	7	4	1	3	5	6	9	8
6	5	8	7	9	2	1	3	4
1	3	9	6	4	8	5	7	2
3	1	5	2	8	4	7	6	9
4	2	6	3	7	9	8	5	1
8	9	7	5	1	6	4	2	3
5	8	3	4	2	7	9	1	6
9	6	2	8	5	1	3	4	7
7	4	1	9	6	3	2	8	5

Puzzle 77

2	3	7	4	1	5	8	6	9
4	9	6	2	8	3	1	7	5
1	8	5	7	9	6	3	4	2
6	1	2	5	3	4	7	9	8
3	7	4	8	2	9	6	5	1
9	5	8	6	7	1	2	3	4
5	2	3	9	6	8	4	1	7
7	4	1	3	5	2	9	8	6
8	6	9	1	4	7	5	2	3

Puzzle 78

8	1	7	5	2	3	9	4	6
9	5	6	8	4	7	1	2	3
4	2	3	6	9	1	8	5	7
1	7	4	2	6	5	3	8	9
3	8	2	4	7	9	6	1	5
6	9	5	1	3	8	2	7	4
2	6	1	9	5	4	7	3	8
7	4	8	3	1	6	5	9	2
5	3	9	7	8	2	4	6	1

Puzzle 79

9	2	6	1	7	8	4	3	5
8	1	4	6	3	5	9	2	7
5	3	7	2	4	9	8	1	6
1	4	3	9	6	7	5	8	2
7	5	9	8	2	4	1	6	3
2	6	8	5	1	3	7	4	9
4	7	2	3	5	1	6	9	8
6	9	1	7	8	2	3	5	4
3	8	5	4	9	6	2	7	1

Puzzle 80

8	6	2	1	4	9	3	5	7
5	7	1	6	3	2	4	8	9
3	9	4	5	7	8	1	2	6
7	8	5	3	2	6	9	4	1
1	4	3	8	9	7	2	6	5
6	2	9	4	5	1	7	3	8
4	3	6	9	1	5	8	7	2
2	1	8	7	6	4	5	9	3
9	5	7	2	8	3	6	1	4

Solutions — Easy

Puzzle 81

3	9	6	1	5	7	8	4	2
1	4	2	3	8	9	5	7	6
7	5	8	4	2	6	9	1	3
8	3	5	6	7	2	1	9	4
9	7	1	5	4	3	6	2	8
2	6	4	8	9	1	7	3	5
5	8	9	2	1	4	3	6	7
6	2	7	9	3	8	4	5	1
4	1	3	7	6	5	2	8	9

Puzzle 82

1	7	4	9	6	8	5	3	2
8	2	3	7	4	5	6	9	1
9	5	6	3	1	2	7	8	4
7	9	1	8	3	6	4	2	5
2	4	8	1	5	7	3	6	9
6	3	5	2	9	4	1	7	8
3	8	2	5	7	1	9	4	6
5	6	7	4	2	9	8	1	3
4	1	9	6	8	3	2	5	7

Puzzle 83

5	6	3	1	7	9	2	4	8
2	1	8	5	4	6	9	7	3
4	7	9	3	8	2	1	5	6
3	8	6	4	9	5	7	2	1
7	4	1	6	2	3	8	9	5
9	5	2	8	1	7	3	6	4
6	3	7	9	5	1	4	8	2
8	2	5	7	3	4	6	1	9
1	9	4	2	6	8	5	3	7

Puzzle 84

5	7	6	1	8	9	4	3	2
4	2	3	7	6	5	1	9	8
9	8	1	4	2	3	5	7	6
3	5	9	2	7	6	8	4	1
6	1	8	9	3	4	2	5	7
7	4	2	8	5	1	9	6	3
2	3	7	5	9	8	6	1	4
1	6	5	3	4	2	7	8	9
8	9	4	6	1	7	3	2	5

Puzzle 85

5	2	1	8	7	6	3	9	4
7	6	9	3	2	4	5	8	1
4	3	8	5	9	1	7	2	6
8	9	4	7	6	3	1	5	2
2	1	3	4	5	8	9	6	7
6	7	5	2	1	9	4	3	8
1	4	6	9	8	5	2	7	3
9	8	7	1	3	2	6	4	5
3	5	2	6	4	7	8	1	9

Puzzle 86

3	5	2	8	9	7	4	1	6
7	1	4	6	2	3	5	9	8
6	9	8	1	5	4	2	3	7
8	7	1	9	6	2	3	5	4
4	3	9	7	8	5	6	2	1
5	2	6	4	3	1	7	8	9
9	8	3	2	4	6	1	7	5
2	6	7	5	1	9	8	4	3
1	4	5	3	7	8	9	6	2

Puzzle 87

1	6	8	3	7	9	5	2	4
9	4	5	1	8	2	6	7	3
7	2	3	5	6	4	8	9	1
2	8	1	7	9	3	4	5	6
3	5	4	8	2	6	7	1	9
6	7	9	4	1	5	3	8	2
4	9	2	6	5	8	1	3	7
8	1	6	9	3	7	2	4	5
5	3	7	2	4	1	9	6	8

Puzzle 88

6	3	9	7	2	5	1	4	8
1	8	5	3	4	6	9	2	7
7	2	4	1	9	8	6	3	5
5	1	6	2	8	4	3	7	9
3	4	7	5	1	9	8	6	2
8	9	2	6	7	3	5	1	4
9	7	8	4	3	1	2	5	6
2	5	3	9	6	7	4	8	1
4	6	1	8	5	2	7	9	3

Solutions — Easy

Puzzle 89

5	6	2	9	7	1	4	3	8
1	8	4	2	3	6	7	5	9
3	9	7	4	8	5	2	6	1
4	3	9	1	6	2	8	7	5
6	5	1	8	9	7	3	2	4
2	7	8	5	4	3	9	1	6
9	1	6	7	2	8	5	4	3
7	4	5	3	1	9	6	8	2
8	2	3	6	5	4	1	9	7

Puzzle 90

1	5	4	9	8	6	2	3	7
9	7	6	3	4	2	1	8	5
2	8	3	1	7	5	6	9	4
4	2	9	7	6	8	5	1	3
8	3	5	2	1	4	7	6	9
6	1	7	5	9	3	4	2	8
5	9	8	6	2	7	3	4	1
3	6	1	4	5	9	8	7	2
7	4	2	8	3	1	9	5	6

Puzzle 91

8	6	9	3	2	4	1	7	5
4	1	7	9	5	6	2	3	8
3	2	5	7	8	1	9	4	6
6	4	8	5	3	9	7	1	2
7	9	1	8	4	2	6	5	3
5	3	2	1	6	7	8	9	4
1	8	4	6	7	5	3	2	9
2	7	3	4	9	8	5	6	1
9	5	6	2	1	3	4	8	7

Puzzle 92

4	5	9	3	6	8	1	7	2
3	6	1	5	2	7	8	9	4
8	7	2	9	1	4	6	5	3
7	9	8	6	4	2	5	3	1
5	2	3	8	9	1	4	6	7
1	4	6	7	5	3	2	8	9
2	8	7	1	3	5	9	4	6
9	1	5	4	7	6	3	2	8
6	3	4	2	8	9	7	1	5

Puzzle 93

7	9	4	3	2	8	5	1	6
5	6	8	4	9	1	3	2	7
1	3	2	7	5	6	8	4	9
4	8	9	2	6	3	7	5	1
2	1	7	5	4	9	6	3	8
3	5	6	1	8	7	2	9	4
8	2	5	6	1	4	9	7	3
9	4	3	8	7	2	1	6	5
6	7	1	9	3	5	4	8	2

Puzzle 94

9	4	3	5	8	1	6	2	7
6	1	2	7	9	3	4	5	8
7	8	5	2	6	4	3	9	1
3	9	6	8	4	7	2	1	5
5	7	8	1	3	2	9	4	6
1	2	4	9	5	6	7	8	3
4	5	1	6	7	9	8	3	2
2	3	7	4	1	8	5	6	9
8	6	9	3	2	5	1	7	4

Puzzle 95

2	6	1	3	5	8	4	9	7
5	9	3	7	4	1	6	8	2
8	7	4	2	9	6	1	5	3
1	5	9	8	7	2	3	6	4
7	4	2	5	6	3	9	1	8
3	8	6	9	1	4	7	2	5
4	1	7	6	8	5	2	3	9
9	3	5	1	2	7	8	4	6
6	2	8	4	3	9	5	7	1

Puzzle 96

7	4	2	5	8	1	3	9	6
3	1	9	7	6	2	8	4	5
5	6	8	9	3	4	1	7	2
2	8	5	4	9	3	7	6	1
1	3	7	6	2	5	4	8	9
4	9	6	1	7	8	2	5	3
8	5	4	3	1	6	9	2	7
6	7	3	2	4	9	5	1	8
9	2	1	8	5	7	6	3	4

Solutions — Medium

Puzzle 1

3	9	7	5	1	4	2	8	6
4	1	2	8	6	9	7	5	3
5	8	6	7	3	2	9	1	4
1	6	4	2	7	8	5	3	9
9	3	5	6	4	1	8	7	2
7	2	8	3	9	5	4	6	1
2	5	1	4	8	6	3	9	7
8	7	9	1	2	3	6	4	5
6	4	3	9	5	7	1	2	8

Puzzle 2

2	5	4	1	9	6	3	8	7
8	6	9	3	7	2	1	5	4
7	1	3	8	5	4	9	2	6
4	7	8	6	1	5	2	9	3
3	9	5	2	4	7	8	6	1
6	2	1	9	3	8	4	7	5
1	8	2	7	6	3	5	4	9
5	3	6	4	2	9	7	1	8
9	4	7	5	8	1	6	3	2

Puzzle 3

5	3	6	4	7	1	8	2	9
8	4	2	3	9	6	1	7	5
9	7	1	2	5	8	3	6	4
7	6	5	1	3	9	4	8	2
1	2	3	8	4	7	5	9	6
4	8	9	6	2	5	7	3	1
6	9	7	5	1	3	2	4	8
2	1	8	7	6	4	9	5	3
3	5	4	9	8	2	6	1	7

Puzzle 4

5	4	9	8	3	2	6	1	7
3	6	1	4	7	9	2	5	8
7	2	8	6	1	5	3	9	4
6	3	5	1	2	7	8	4	9
8	9	7	5	6	4	1	2	3
4	1	2	9	8	3	5	7	6
9	5	3	2	4	8	7	6	1
2	8	6	7	9	1	4	3	5
1	7	4	3	5	6	9	8	2

Puzzle 5

6	9	3	7	1	8	4	2	5
5	7	4	6	2	3	9	8	1
8	1	2	9	5	4	3	6	7
3	6	9	8	7	1	2	5	4
4	2	8	3	6	5	1	7	9
1	5	7	2	4	9	8	3	6
9	3	5	1	8	7	6	4	2
2	4	1	5	3	6	7	9	8
7	8	6	4	9	2	5	1	3

Puzzle 6

6	2	1	3	8	5	4	7	9
9	8	4	2	1	7	6	5	3
5	7	3	6	9	4	2	8	1
2	5	8	7	4	9	1	3	6
3	1	6	5	2	8	9	4	7
7	4	9	1	6	3	5	2	8
8	9	5	4	7	1	3	6	2
1	3	2	8	5	6	7	9	4
4	6	7	9	3	2	8	1	5

Puzzle 7

7	6	4	9	3	2	1	8	5
8	5	1	4	7	6	2	3	9
3	2	9	8	5	1	7	6	4
6	7	5	1	9	3	4	2	8
9	1	2	6	8	4	3	5	7
4	8	3	7	2	5	9	1	6
1	9	7	2	6	8	5	4	3
5	4	6	3	1	7	8	9	2
2	3	8	5	4	9	6	7	1

Puzzle 8

4	2	6	7	5	9	1	8	3
5	3	1	8	6	2	4	7	9
7	9	8	3	4	1	2	5	6
1	8	9	4	3	7	6	2	5
2	5	4	9	1	6	8	3	7
6	7	3	5	2	8	9	4	1
3	6	5	1	8	4	7	9	2
9	4	2	6	7	5	3	1	8
8	1	7	2	9	3	5	6	4

Solutions — Medium

Puzzle 9

3	9	1	8	5	2	4	6	7
6	4	2	7	1	9	3	5	8
7	8	5	6	4	3	2	9	1
4	7	3	5	9	1	6	8	2
5	2	6	4	8	7	9	1	3
9	1	8	3	2	6	7	4	5
1	6	9	2	7	5	8	3	4
8	3	7	1	6	4	5	2	9
2	5	4	9	3	8	1	7	6

Puzzle 10

3	8	5	2	1	6	7	4	9
1	4	6	3	7	9	2	8	5
2	7	9	4	8	5	3	1	6
8	3	1	7	6	2	5	9	4
4	6	2	9	5	3	1	7	8
9	5	7	8	4	1	6	2	3
7	1	3	5	9	4	8	6	2
6	2	4	1	3	8	9	5	7
5	9	8	6	2	7	4	3	1

Puzzle 11

8	7	4	6	5	9	2	3	1
5	3	2	1	8	7	9	6	4
6	1	9	4	2	3	5	8	7
3	5	7	2	1	6	8	4	9
9	2	1	3	4	8	7	5	6
4	6	8	7	9	5	3	1	2
2	4	3	5	7	1	6	9	8
7	9	6	8	3	4	1	2	5
1	8	5	9	6	2	4	7	3

Puzzle 12

6	3	5	4	1	8	7	9	2
1	8	9	2	5	7	3	4	6
4	2	7	3	9	6	5	8	1
9	6	8	7	2	1	4	3	5
2	5	4	8	6	3	9	1	7
7	1	3	9	4	5	6	2	8
8	7	2	6	3	4	1	5	9
5	4	6	1	8	9	2	7	3
3	9	1	5	7	2	8	6	4

Puzzle 13

6	7	4	8	3	9	2	5	1
2	5	1	6	7	4	8	3	9
9	3	8	5	2	1	4	6	7
8	9	3	1	4	6	7	2	5
1	2	7	3	9	5	6	8	4
4	6	5	7	8	2	1	9	3
5	4	9	2	6	7	3	1	8
3	1	2	4	5	8	9	7	6
7	8	6	9	1	3	5	4	2

Puzzle 14

3	8	5	2	1	6	7	4	9
1	4	6	3	7	9	2	8	5
2	7	9	4	8	5	3	1	6
8	3	1	7	6	2	5	9	4
4	6	2	9	5	3	1	7	8
9	5	7	8	4	1	6	2	3
7	1	3	5	9	4	8	6	2
6	2	4	1	3	8	9	5	7
5	9	8	6	2	7	4	3	1

Puzzle 15

3	7	8	2	4	1	6	5	9
2	5	4	9	8	6	7	1	3
6	1	9	5	3	7	4	2	8
1	9	3	6	7	2	5	8	4
5	4	7	8	9	3	2	6	1
8	2	6	4	1	5	9	3	7
9	6	1	7	2	8	3	4	5
7	3	2	1	5	4	8	9	6
4	8	5	3	6	9	1	7	2

Puzzle 16

4	3	6	7	5	8	1	2	9
5	9	2	3	6	1	8	7	4
7	8	1	9	2	4	6	3	5
6	1	9	4	7	2	5	8	3
2	5	8	1	9	3	4	6	7
3	7	4	5	8	6	9	1	2
8	4	7	6	3	9	2	5	1
1	2	5	8	4	7	3	9	6
9	6	3	2	1	5	7	4	8

Solutions — Medium

Puzzle 17

3	5	6	8	7	9	4	2	1
1	8	4	5	2	3	9	7	6
2	9	7	6	4	1	5	3	8
7	1	2	9	5	6	3	8	4
5	6	8	3	1	4	2	9	7
4	3	9	7	8	2	1	6	5
9	7	3	1	6	5	8	4	2
8	2	1	4	3	7	6	5	9
6	4	5	2	9	8	7	1	3

Puzzle 18

7	3	1	2	9	4	5	8	6
6	9	5	3	1	8	4	7	2
4	8	2	5	6	7	9	3	1
3	4	6	8	2	9	1	5	7
5	7	9	1	4	6	3	2	8
2	1	8	7	5	3	6	4	9
9	6	7	4	8	5	2	1	3
8	2	4	6	3	1	7	9	5
1	5	3	9	7	2	8	6	4

Puzzle 19

8	4	7	2	6	9	5	3	1
2	3	9	5	4	1	8	6	7
1	6	5	8	3	7	9	4	2
5	9	1	6	2	3	7	8	4
3	2	8	7	1	4	6	5	9
4	7	6	9	8	5	1	2	3
9	5	4	3	7	6	2	1	8
6	1	2	4	9	8	3	7	5
7	8	3	1	5	2	4	9	6

Puzzle 20

4	6	8	3	7	9	1	2	5
7	1	2	8	4	5	6	9	3
9	3	5	1	6	2	8	4	7
8	9	7	2	1	6	5	3	4
1	2	4	7	5	3	9	6	8
6	5	3	9	8	4	7	1	2
2	7	9	6	3	8	4	5	1
3	4	1	5	9	7	2	8	6
5	8	6	4	2	1	3	7	9

Puzzle 21

7	9	4	3	2	8	5	1	6
5	6	8	4	9	1	3	2	7
1	3	2	7	5	6	8	4	9
4	8	9	2	6	3	7	5	1
2	1	7	5	4	9	6	3	8
3	5	6	1	8	7	2	9	4
8	2	5	6	1	4	9	7	3
9	4	3	8	7	2	1	6	5
6	7	1	9	3	5	4	8	2

Puzzle 22

7	3	1	2	9	4	5	8	6
6	9	5	3	1	8	4	7	2
4	8	2	5	6	7	9	3	1
3	4	6	8	2	9	1	5	7
5	7	9	1	4	6	3	2	8
2	1	8	7	5	3	6	4	9
9	6	7	4	8	5	2	1	3
8	2	4	6	3	1	7	9	5
1	5	3	9	7	2	8	6	4

Puzzle 23

3	9	7	2	6	5	1	4	8
8	4	1	3	7	9	5	6	2
6	5	2	8	1	4	7	9	3
5	3	4	1	9	6	2	8	7
2	7	6	5	4	8	3	1	9
1	8	9	7	2	3	6	5	4
4	6	5	9	3	7	8	2	1
7	1	8	4	5	2	9	3	6
9	2	3	6	8	1	4	7	5

Puzzle 24

2	9	3	7	1	4	8	6	5
4	1	8	6	2	5	7	9	3
5	7	6	8	9	3	2	1	4
6	8	9	5	3	2	1	4	7
7	3	2	4	8	1	9	5	6
1	5	4	9	7	6	3	2	8
9	6	1	3	5	7	4	8	2
3	2	5	1	4	8	6	7	9
8	4	7	2	6	9	5	3	1

Solutions — Medium

Puzzle **25**

6	2	1	3	8	5	4	7	9
9	8	4	2	1	7	6	5	3
5	7	3	6	9	4	2	8	1
2	5	8	7	4	9	1	3	6
3	1	6	5	2	8	9	4	7
7	4	9	1	6	3	5	2	8
8	9	5	4	7	1	3	6	2
1	3	2	8	5	6	7	9	4
4	6	7	9	3	2	8	1	5

Puzzle **26**

2	9	1	7	5	4	8	6	3
3	7	4	6	8	9	1	2	5
6	8	5	1	2	3	9	7	4
5	3	8	2	6	1	4	9	7
9	1	7	4	3	5	2	8	6
4	6	2	9	7	8	3	5	1
7	5	3	8	1	2	6	4	9
1	2	9	5	4	6	7	3	8
8	4	6	3	9	7	5	1	2

Puzzle **27**

5	7	4	1	8	3	2	6	9
8	9	6	2	7	4	3	1	5
2	1	3	5	6	9	8	7	4
6	2	1	3	5	8	9	4	7
4	8	9	6	2	7	1	5	3
7	3	5	9	4	1	6	2	8
9	4	8	7	1	6	5	3	2
1	5	7	8	3	2	4	9	6
3	6	2	4	9	5	7	8	1

Puzzle **28**

2	5	7	1	3	4	6	8	9
6	8	9	2	5	7	3	1	4
3	4	1	9	8	6	7	5	2
7	2	3	8	6	5	4	9	1
9	6	8	4	1	3	5	2	7
4	1	5	7	2	9	8	3	6
8	7	6	5	9	2	1	4	3
1	9	4	3	7	8	2	6	5
5	3	2	6	4	1	9	7	8

Puzzle **29**

6	2	1	3	8	5	4	7	9
9	8	4	2	1	7	6	5	3
5	7	3	6	9	4	2	8	1
2	5	8	7	4	9	1	3	6
3	1	6	5	2	8	9	4	7
7	4	9	1	6	3	5	2	8
8	9	5	4	7	1	3	6	2
1	3	2	8	5	6	7	9	4
4	6	7	9	3	2	8	1	5

Puzzle **30**

9	6	1	5	4	3	8	2	7
7	2	4	6	9	8	1	3	5
5	3	8	7	1	2	4	6	9
1	5	6	9	3	7	2	8	4
2	8	9	4	6	5	3	7	1
4	7	3	8	2	1	5	9	6
3	9	2	1	5	6	7	4	8
8	4	5	3	7	9	6	1	2
6	1	7	2	8	4	9	5	3

Puzzle **31**

6	3	9	8	2	5	4	1	7
2	4	1	3	6	7	9	8	5
7	5	8	1	4	9	6	2	3
5	6	2	9	7	1	3	4	8
9	8	4	6	5	3	2	7	1
1	7	3	2	8	4	5	6	9
8	9	6	5	1	2	7	3	4
4	1	5	7	3	6	8	9	2
3	2	7	4	9	8	1	5	6

Puzzle **32**

5	2	9	6	4	7	8	1	3
3	7	8	1	5	9	6	4	2
1	6	4	3	8	2	5	9	7
8	9	5	4	3	6	2	7	1
2	1	3	8	7	5	9	6	4
7	4	6	2	9	1	3	5	8
9	8	7	5	1	3	4	2	6
4	5	2	7	6	8	1	3	9
6	3	1	9	2	4	7	8	5

Solutions — Medium

Puzzle **33**

5	8	9	4	7	1	6	3	2
7	4	6	8	2	3	5	9	1
3	2	1	5	6	9	7	4	8
2	3	7	9	5	8	1	6	4
1	9	4	2	3	6	8	7	5
6	5	8	1	4	7	9	2	3
8	1	3	7	9	4	2	5	6
4	7	5	6	8	2	3	1	9
9	6	2	3	1	5	4	8	7

Puzzle **34**

4	5	7	2	8	9	3	1	6
1	9	3	6	7	5	4	2	8
8	2	6	1	4	3	9	5	7
2	6	4	9	1	8	7	3	5
7	3	5	4	2	6	1	8	9
9	1	8	3	5	7	2	6	4
3	4	9	8	6	1	5	7	2
6	7	2	5	3	4	8	9	1
5	8	1	7	9	2	6	4	3

Puzzle **35**

5	3	9	2	8	4	6	1	7
8	6	4	7	1	5	3	9	2
2	1	7	6	9	3	8	5	4
9	7	5	4	6	1	2	3	8
6	8	2	9	3	7	1	4	5
3	4	1	5	2	8	7	6	9
7	9	8	3	5	6	4	2	1
4	5	6	1	7	2	9	8	3
1	2	3	8	4	9	5	7	6

Puzzle **36**

8	6	1	5	4	9	7	3	2
4	9	2	3	1	7	8	6	5
7	3	5	6	8	2	4	1	9
5	4	6	2	7	8	1	9	3
9	2	3	4	5	1	6	8	7
1	8	7	9	3	6	2	5	4
3	1	8	7	9	4	5	2	6
2	5	4	1	6	3	9	7	8
6	7	9	8	2	5	3	4	1

Puzzle **37**

9	4	8	5	3	6	1	2	7
7	6	3	1	8	2	5	9	4
1	5	2	7	9	4	3	6	8
2	8	4	9	5	1	7	3	6
6	9	7	2	4	3	8	1	5
3	1	5	6	7	8	2	4	9
4	7	6	3	2	5	9	8	1
5	3	1	8	6	9	4	7	2
8	2	9	4	1	7	6	5	3

Puzzle **38**

5	3	8	7	2	4	1	6	9
1	9	6	8	5	3	7	2	4
4	2	7	1	6	9	8	5	3
9	7	1	5	3	8	2	4	6
8	6	4	2	9	7	3	1	5
2	5	3	4	1	6	9	8	7
7	4	9	6	8	1	5	3	2
3	1	2	9	4	5	6	7	8
6	8	5	3	7	2	4	9	1

Puzzle **39**

6	1	3	7	9	2	5	8	4
4	2	9	1	8	5	7	6	3
5	7	8	6	4	3	2	9	1
9	4	6	2	7	8	3	1	5
3	8	1	5	6	4	9	7	2
7	5	2	9	3	1	6	4	8
2	9	5	8	1	6	4	3	7
1	3	7	4	2	9	8	5	6
8	6	4	3	5	7	1	2	9

Puzzle **40**

4	6	5	2	7	8	3	1	9
1	3	9	5	6	4	8	2	7
8	2	7	3	1	9	5	4	6
9	1	8	4	3	7	6	5	2
6	5	3	8	9	2	4	7	1
2	7	4	6	5	1	9	3	8
3	9	6	7	2	5	1	8	4
7	8	1	9	4	3	2	6	5
5	4	2	1	8	6	7	9	3

Solutions — Medium

Puzzle 41

7	3	8	5	2	9	6	1	4
9	2	4	8	1	6	5	3	7
5	6	1	7	3	4	9	2	8
4	5	2	9	6	3	7	8	1
6	9	3	1	8	7	4	5	2
1	8	7	2	4	5	3	6	9
2	7	5	3	9	1	8	4	6
8	4	9	6	5	2	1	7	3
3	1	6	4	7	8	2	9	5

Puzzle 42

4	2	6	7	5	9	1	8	3
5	3	1	8	6	2	4	7	9
7	9	8	3	4	1	2	5	6
1	8	9	4	3	7	6	2	5
2	5	4	9	1	6	8	3	7
6	7	3	5	2	8	9	4	1
3	6	5	1	8	4	7	9	2
9	4	2	6	7	5	3	1	8
8	1	7	2	9	3	5	6	4

Puzzle 43

5	4	7	8	3	2	1	6	9
9	1	3	6	7	5	8	2	4
2	8	6	1	4	9	7	3	5
7	9	2	5	6	8	4	1	3
3	5	1	2	9	4	6	7	8
8	6	4	7	1	3	5	9	2
6	3	9	4	5	1	2	8	7
4	7	8	3	2	6	9	5	1
1	2	5	9	8	7	3	4	6

Puzzle 44

1	4	6	9	8	5	7	3	2
2	3	9	4	6	7	5	8	1
5	7	8	2	3	1	9	6	4
9	6	4	1	5	8	3	2	7
8	2	1	3	7	9	4	5	6
7	5	3	6	2	4	1	9	8
3	8	7	5	1	6	2	4	9
6	9	5	7	4	2	8	1	3
4	1	2	8	9	3	6	7	5

Puzzle 45

1	2	9	4	3	5	8	7	6
6	4	5	8	7	1	9	2	3
3	8	7	9	2	6	5	4	1
2	1	3	7	9	8	6	5	4
5	9	4	1	6	2	7	3	8
7	6	8	5	4	3	2	1	9
9	3	2	6	5	4	1	8	7
4	7	1	2	8	9	3	6	5
8	5	6	3	1	7	4	9	2

Puzzle 46

4	7	3	2	8	5	6	1	9
6	9	1	3	4	7	5	8	2
8	2	5	1	9	6	3	7	4
3	5	4	8	7	2	1	9	6
7	6	9	4	3	1	2	5	8
2	1	8	6	5	9	7	4	3
1	4	2	7	6	8	9	3	5
9	8	7	5	2	3	4	6	1
5	3	6	9	1	4	8	2	7

Puzzle 47

7	8	6	1	2	5	9	4	3
5	9	4	3	7	8	6	2	1
2	3	1	6	4	9	5	8	7
4	1	9	2	8	7	3	5	6
3	2	5	9	6	4	1	7	8
8	6	7	5	3	1	4	9	2
6	7	3	4	5	2	8	1	9
1	5	2	8	9	3	7	6	4
9	4	8	7	1	6	2	3	5

Puzzle 48

5	3	8	4	1	2	6	7	9
6	9	7	5	3	8	4	2	1
4	1	2	7	6	9	5	8	3
3	6	4	2	7	5	1	9	8
1	8	9	6	4	3	2	5	7
7	2	5	8	9	1	3	6	4
9	5	3	1	8	6	7	4	2
2	4	1	9	5	7	8	3	6
8	7	6	3	2	4	9	1	5

Solutions — Hard

Puzzle 1

7	8	6	5	4	9	1	3	2
1	4	2	3	6	7	8	9	5
3	5	9	1	8	2	4	6	7
8	7	5	4	1	3	6	2	9
6	3	1	2	9	5	7	4	8
9	2	4	8	7	6	5	1	3
2	9	8	6	5	1	3	7	4
4	1	3	7	2	8	9	5	6
5	6	7	9	3	4	2	8	1

Puzzle 2

7	6	4	3	1	2	8	9	5
5	9	1	4	7	8	6	2	3
2	3	8	5	9	6	4	7	1
1	7	3	2	6	4	5	8	9
9	5	6	8	3	7	1	4	2
8	4	2	9	5	1	7	3	6
6	2	7	1	8	9	3	5	4
3	8	9	6	4	5	2	1	7
4	1	5	7	2	3	9	6	8

Puzzle 3

7	5	6	1	3	4	9	8	2
3	8	9	2	7	5	1	6	4
4	1	2	9	6	8	7	3	5
6	9	8	4	5	7	2	1	3
2	4	1	3	9	6	5	7	8
5	3	7	8	1	2	4	9	6
9	6	4	7	2	3	8	5	1
1	2	5	6	8	9	3	4	7
8	7	3	5	4	1	6	2	9

Puzzle 4

5	1	4	3	8	7	6	2	9
9	2	8	4	5	6	3	1	7
3	7	6	2	1	9	5	4	8
1	6	7	5	2	8	4	9	3
2	3	9	6	7	4	8	5	1
4	8	5	1	9	3	2	7	6
6	4	2	9	3	1	7	8	5
8	5	1	7	6	2	9	3	4
7	9	3	8	4	5	1	6	2

Puzzle 5

7	3	1	2	9	4	5	8	6
6	9	5	3	1	8	4	7	2
4	8	2	5	6	7	9	3	1
3	4	6	8	2	9	1	5	7
5	7	9	1	4	6	3	2	8
2	1	8	7	5	3	6	4	9
9	6	7	4	8	5	2	1	3
8	2	4	6	3	1	7	9	5
1	5	3	9	7	2	8	6	4

Puzzle 6

5	6	3	9	8	2	1	4	7
7	1	4	5	3	6	8	9	2
9	2	8	1	4	7	3	5	6
3	9	2	6	7	8	4	1	5
4	8	7	2	1	5	6	3	9
6	5	1	3	9	4	7	2	8
8	3	9	7	2	1	5	6	4
1	7	6	4	5	9	2	8	3
2	4	5	8	6	3	9	7	1

Puzzle 7

7	8	6	9	2	5	1	4	3
1	3	4	6	8	7	5	9	2
9	5	2	4	1	3	8	7	6
5	6	1	8	4	9	3	2	7
4	9	8	3	7	2	6	5	1
2	7	3	1	5	6	9	8	4
8	1	7	5	6	4	2	3	9
6	4	9	2	3	8	7	1	5
3	2	5	7	9	1	4	6	8

Puzzle 8

7	3	1	2	9	4	5	8	6
6	9	5	3	1	8	4	7	2
4	8	2	5	6	7	9	3	1
3	4	6	8	2	9	1	5	7
5	7	9	1	4	6	3	2	8
2	1	8	7	5	3	6	4	9
9	6	7	4	8	5	2	1	3
8	2	4	6	3	1	7	9	5
1	5	3	9	7	2	8	6	4

Solutions — Hard

Puzzle 9

5	7	9	3	2	1	6	4	8
6	8	2	4	5	9	1	7	3
4	1	3	7	8	6	9	2	5
3	4	5	1	7	8	2	6	9
8	2	7	6	9	5	3	1	4
1	9	6	2	3	4	5	8	7
7	3	8	9	1	2	4	5	6
9	6	1	5	4	7	8	3	2
2	5	4	8	6	3	7	9	1

Puzzle 10

9	1	5	4	3	2	7	8	6
6	7	4	8	9	1	5	3	2
8	3	2	6	5	7	9	4	1
4	8	6	2	1	9	3	7	5
3	9	1	7	4	5	6	2	8
2	5	7	3	6	8	4	1	9
7	6	8	5	2	4	1	9	3
5	4	9	1	8	3	2	6	7
1	2	3	9	7	6	8	5	4

Puzzle 11

2	9	1	8	4	3	7	5	6
7	5	4	1	9	6	8	2	3
6	3	8	5	2	7	9	1	4
8	1	5	6	7	9	4	3	2
4	7	3	2	8	1	5	6	9
9	2	6	3	5	4	1	7	8
3	6	9	4	1	5	2	8	7
1	4	2	7	3	8	6	9	5
5	8	7	9	6	2	3	4	1

Puzzle 12

6	7	8	5	2	1	3	9	4
3	5	4	6	7	9	8	1	2
2	1	9	4	8	3	5	7	6
1	4	3	7	6	5	2	8	9
8	6	2	1	9	4	7	5	3
7	9	5	2	3	8	6	4	1
9	8	7	3	4	2	1	6	5
4	3	1	8	5	6	9	2	7
5	2	6	9	1	7	4	3	8

Puzzle 13

5	2	8	7	3	9	1	6	4
4	7	3	6	1	2	5	8	9
6	9	1	8	5	4	7	2	3
1	6	2	3	9	5	4	7	8
9	3	7	1	4	8	6	5	2
8	4	5	2	6	7	9	3	1
7	8	6	9	2	1	3	4	5
2	5	9	4	7	3	8	1	6
3	1	4	5	8	6	2	9	7

Puzzle 14

7	2	8	3	5	6	4	1	9
5	3	4	9	1	8	7	2	6
1	9	6	2	7	4	8	3	5
9	4	2	6	8	5	1	7	3
3	5	7	1	4	9	2	6	8
8	6	1	7	2	3	5	9	4
4	1	3	5	6	7	9	8	2
2	8	9	4	3	1	6	5	7
6	7	5	8	9	2	3	4	1

Puzzle 15

8	2	3	6	7	4	1	9	5
9	7	5	8	1	3	6	2	4
1	4	6	9	5	2	3	8	7
7	5	4	2	3	9	8	1	6
3	8	2	1	6	5	7	4	9
6	9	1	4	8	7	2	5	3
5	3	8	7	9	1	4	6	2
4	6	7	5	2	8	9	3	1
2	1	9	3	4	6	5	7	8

Puzzle 16

7	6	3	9	8	1	5	2	4
4	2	8	7	3	5	6	1	9
1	9	5	2	6	4	7	8	3
5	4	1	3	7	9	8	6	2
8	3	2	5	1	6	9	4	7
6	7	9	4	2	8	3	5	1
2	5	4	6	9	3	1	7	8
9	1	7	8	5	2	4	3	6
3	8	6	1	4	7	2	9	5

Solutions — Hard

Puzzle **17**

3	4	6	1	5	9	2	8	7
9	5	2	8	7	4	1	6	3
8	7	1	6	3	2	5	4	9
7	3	5	4	9	8	6	1	2
2	1	4	3	6	7	9	5	8
6	9	8	5	2	1	7	3	4
5	2	3	9	4	6	8	7	1
1	6	7	2	8	3	4	9	5
4	8	9	7	1	5	3	2	6

Puzzle **18**

5	4	8	9	1	6	7	3	2
7	2	1	8	3	5	9	6	4
6	9	3	7	2	4	1	5	8
1	8	2	4	9	3	5	7	6
9	7	6	2	5	8	4	1	3
3	5	4	6	7	1	2	8	9
4	6	9	5	8	7	3	2	1
2	1	7	3	6	9	8	4	5
8	3	5	1	4	2	6	9	7

Puzzle **19**

4	5	7	8	2	9	1	6	3
9	3	8	6	5	1	7	4	2
2	1	6	3	4	7	8	5	9
3	7	4	9	8	6	2	1	5
5	9	1	4	3	2	6	7	8
8	6	2	7	1	5	9	3	4
6	4	3	1	9	8	5	2	7
7	8	5	2	6	4	3	9	1
1	2	9	5	7	3	4	8	6

Puzzle **20**

9	7	4	5	6	1	8	3	2
1	6	8	3	7	2	4	9	5
3	5	2	9	4	8	1	7	6
7	4	6	8	1	9	5	2	3
8	9	5	2	3	6	7	1	4
2	1	3	4	5	7	6	8	9
6	3	7	1	2	4	9	5	8
5	8	1	6	9	3	2	4	7
4	2	9	7	8	5	3	6	1

Puzzle **21**

3	8	5	2	1	6	7	4	9
1	4	6	3	7	9	2	8	5
2	7	9	4	8	5	3	1	6
8	3	1	7	6	2	5	9	4
4	6	2	9	5	3	1	7	8
9	5	7	8	4	1	6	2	3
7	1	3	5	9	4	8	6	2
6	2	4	1	3	8	9	5	7
5	9	8	6	2	7	4	3	1

Puzzle **22**

9	2	5	7	3	8	4	6	1
6	8	3	2	1	4	5	7	9
4	7	1	5	9	6	8	3	2
8	4	9	6	2	3	7	1	5
5	1	2	4	7	9	3	8	6
3	6	7	8	5	1	2	9	4
2	5	6	9	8	7	1	4	3
7	3	4	1	6	5	9	2	8
1	9	8	3	4	2	6	5	7

Puzzle **23**

9	4	8	5	6	2	1	7	3
3	7	1	8	9	4	2	5	6
2	6	5	1	7	3	4	8	9
5	9	3	2	1	8	7	6	4
6	1	7	9	4	5	8	3	2
8	2	4	6	3	7	9	1	5
1	8	2	3	5	9	6	4	7
4	3	6	7	2	1	5	9	8
7	5	9	4	8	6	3	2	1

Puzzle **24**

9	3	5	4	8	2	7	1	6
6	1	2	9	7	5	8	3	4
8	4	7	1	6	3	2	9	5
3	7	8	6	5	4	9	2	1
1	5	9	7	2	8	6	4	3
2	6	4	3	1	9	5	7	8
5	8	1	2	3	7	4	6	9
7	9	3	5	4	6	1	8	2
4	2	6	8	9	1	3	5	7

Solutions — Hard

Puzzle 25

3	4	9	5	7	2	6	8	1
8	1	6	3	4	9	5	2	7
5	2	7	1	8	6	9	3	4
4	9	1	6	3	7	8	5	2
7	3	2	8	9	5	1	4	6
6	8	5	2	1	4	7	9	3
2	5	8	7	6	3	4	1	9
1	7	4	9	2	8	3	6	5
9	6	3	4	5	1	2	7	8

Puzzle 26

7	3	1	2	9	4	5	8	6
6	9	5	3	1	8	4	7	2
4	8	2	5	6	7	9	3	1
3	4	6	8	2	9	1	5	7
5	7	9	1	4	6	3	2	8
2	1	8	7	5	3	6	4	9
9	6	7	4	8	5	2	1	3
8	2	4	6	3	1	7	9	5
1	5	3	9	7	2	8	6	4

Puzzle 27

7	1	2	6	4	8	5	3	9
8	3	5	1	9	7	2	4	6
4	6	9	2	5	3	7	1	8
2	5	1	7	8	6	3	9	4
3	9	7	4	1	5	8	6	2
6	4	8	3	2	9	1	7	5
9	7	4	8	3	2	6	5	1
1	2	6	5	7	4	9	8	3
5	8	3	9	6	1	4	2	7

Puzzle 28

3	9	1	7	6	5	8	2	4
2	7	4	9	8	3	6	5	1
6	8	5	1	2	4	9	7	3
4	6	7	8	3	1	2	9	5
9	2	3	5	4	7	1	8	6
5	1	8	2	9	6	4	3	7
8	4	6	3	5	9	7	1	2
1	3	2	6	7	8	5	4	9
7	5	9	4	1	2	3	6	8

Puzzle 29

5	9	6	3	4	1	2	7	8
3	8	2	7	9	6	5	4	1
4	7	1	8	5	2	6	9	3
2	3	8	5	6	9	7	1	4
1	4	5	2	7	8	3	6	9
7	6	9	1	3	4	8	2	5
8	1	7	4	2	3	9	5	6
6	5	3	9	1	7	4	8	2
9	2	4	6	8	5	1	3	7

Puzzle 30

1	5	9	7	8	3	4	2	6
2	7	6	5	4	1	9	8	3
4	3	8	6	2	9	5	1	7
5	2	4	9	6	8	3	7	1
8	6	7	3	1	4	2	5	9
9	1	3	2	5	7	8	6	4
6	4	2	1	9	5	7	3	8
3	9	5	8	7	6	1	4	2
7	8	1	4	3	2	6	9	5

Puzzle 31

6	7	4	3	2	9	1	5	8
8	5	1	4	6	7	9	2	3
9	2	3	1	8	5	6	7	4
1	9	6	7	4	2	8	3	5
4	3	5	6	1	8	7	9	2
2	8	7	9	5	3	4	6	1
7	4	9	5	3	1	2	8	6
3	1	2	8	7	6	5	4	9
5	6	8	2	9	4	3	1	7

Puzzle 32

7	3	1	2	9	4	5	8	6
6	9	5	3	1	8	4	7	2
4	8	2	5	6	7	9	3	1
3	4	6	8	2	9	1	5	7
5	7	9	1	4	6	3	2	8
2	1	8	7	5	3	6	4	9
9	6	7	4	8	5	2	1	3
8	2	4	6	3	1	7	9	5
1	5	3	9	7	2	8	6	4

Solutions — Hard

Puzzle 33

8	9	1	6	7	2	3	4	5
2	4	3	8	5	1	6	9	7
5	7	6	9	4	3	1	2	8
1	3	4	5	2	6	7	8	9
9	8	2	7	3	4	5	1	6
7	6	5	1	9	8	4	3	2
3	5	7	4	8	9	2	6	1
6	2	8	3	1	7	9	5	4
4	1	9	2	6	5	8	7	3

Puzzle 34

7	4	5	6	8	2	9	1	3
1	3	8	4	7	9	6	2	5
6	9	2	1	5	3	8	4	7
2	7	4	3	1	8	5	6	9
9	6	1	7	2	5	3	8	4
8	5	3	9	6	4	1	7	2
3	1	7	2	9	6	4	5	8
4	8	6	5	3	7	2	9	1
5	2	9	8	4	1	7	3	6

Puzzle 35

9	6	2	7	3	5	1	8	4
5	3	4	8	1	9	2	7	6
8	1	7	6	2	4	5	9	3
6	8	9	5	7	1	4	3	2
2	7	3	4	8	6	9	5	1
1	4	5	2	9	3	7	6	8
4	2	6	9	5	8	3	1	7
7	5	1	3	6	2	8	4	9
3	9	8	1	4	7	6	2	5

Puzzle 36

6	7	4	3	5	9	2	1	8
1	5	9	7	2	8	4	6	3
2	3	8	4	1	6	5	7	9
9	1	7	6	8	5	3	2	4
8	2	3	9	4	1	7	5	6
4	6	5	2	3	7	9	8	1
7	9	2	8	6	4	1	3	5
5	4	6	1	7	3	8	9	2
3	8	1	5	9	2	6	4	7

Puzzle 37

4	5	3	2	9	6	7	1	8
1	9	7	8	3	4	5	6	2
2	8	6	1	7	5	9	4	3
9	3	1	4	6	2	8	5	7
6	7	5	3	8	9	4	2	1
8	2	4	7	5	1	3	9	6
5	1	8	6	4	3	2	7	9
3	6	9	5	2	7	1	8	4
7	4	2	9	1	8	6	3	5

Puzzle 38

1	5	6	7	4	3	8	2	9
8	2	9	6	5	1	7	3	4
4	3	7	9	8	2	5	6	1
6	9	2	5	3	4	1	8	7
3	7	4	8	1	6	9	5	2
5	1	8	2	7	9	3	4	6
9	6	3	1	2	8	4	7	5
2	4	5	3	9	7	6	1	8
7	8	1	4	6	5	2	9	3

Puzzle 39

5	7	4	1	8	3	2	6	9
8	9	6	2	7	4	3	1	5
2	1	3	5	6	9	8	7	4
6	2	1	3	5	8	9	4	7
4	8	9	6	2	7	1	5	3
7	3	5	9	4	1	6	2	8
9	4	8	7	1	6	5	3	2
1	5	7	8	3	2	4	9	6
3	6	2	4	9	5	7	8	1

Puzzle 40

9	8	2	1	6	4	3	5	7
7	6	5	2	9	3	4	1	8
4	3	1	8	5	7	9	6	2
8	7	4	9	1	2	6	3	5
5	1	6	7	3	8	2	9	4
2	9	3	5	4	6	7	8	1
6	5	9	4	2	1	8	7	3
3	2	8	6	7	5	1	4	9
1	4	7	3	8	9	5	2	6

Solutions — Hard

Puzzle 41

4	8	1	9	5	2	3	6	7
7	3	2	4	1	6	8	5	9
5	6	9	8	7	3	1	4	2
2	4	3	5	6	7	9	1	8
6	1	8	3	9	4	7	2	5
9	5	7	1	2	8	6	3	4
1	7	6	2	4	9	5	8	3
3	2	5	7	8	1	4	9	6
8	9	4	6	3	5	2	7	1

Puzzle 42

4	8	3	5	6	1	7	2	9
7	9	2	4	3	8	6	1	5
1	5	6	9	7	2	8	4	3
2	1	5	3	4	6	9	8	7
9	3	4	1	8	7	2	5	6
8	6	7	2	9	5	1	3	4
3	4	8	7	1	9	5	6	2
6	2	9	8	5	3	4	7	1
5	7	1	6	2	4	3	9	8

Puzzle 43

6	2	1	3	8	5	4	7	9
9	8	4	2	1	7	6	5	3
5	7	3	6	9	4	2	8	1
2	5	8	7	4	9	1	3	6
3	1	6	5	2	8	9	4	7
7	4	9	1	6	3	5	2	8
8	9	5	4	7	1	3	6	2
1	3	2	8	5	6	7	9	4
4	6	7	9	3	2	8	1	5

Puzzle 44

7	3	1	2	9	4	5	8	6
6	9	5	3	1	8	4	7	2
4	8	2	5	6	7	9	3	1
3	4	6	8	2	9	1	5	7
5	7	9	1	4	6	3	2	8
2	1	8	7	5	3	6	4	9
9	6	7	4	8	5	2	1	3
8	2	4	6	3	1	7	9	5
1	5	3	9	7	2	8	6	4

Puzzle 45

2	4	8	9	1	6	3	7	5
3	5	7	2	8	4	6	1	9
6	1	9	5	7	3	2	4	8
9	8	6	1	5	7	4	2	3
1	7	4	3	2	8	9	5	6
5	2	3	6	4	9	7	8	1
8	6	5	7	9	2	1	3	4
7	9	1	4	3	5	8	6	2
4	3	2	8	6	1	5	9	7

Puzzle 46

3	8	5	2	1	6	7	4	9
1	4	6	3	7	9	2	8	5
2	7	9	4	8	5	3	1	6
8	3	1	7	6	2	5	9	4
4	6	2	9	5	3	1	7	8
9	5	7	8	4	1	6	2	3
7	1	3	5	9	4	8	6	2
6	2	4	1	3	8	9	5	7
5	9	8	6	2	7	4	3	1

Puzzle 47

6	1	3	8	2	5	7	9	4
4	7	2	9	6	1	8	5	3
9	8	5	7	4	3	2	1	6
3	2	7	5	1	4	9	6	8
5	6	9	3	8	2	4	7	1
1	4	8	6	9	7	3	2	5
2	5	6	4	7	8	1	3	9
8	3	1	2	5	9	6	4	7
7	9	4	1	3	6	5	8	2

Puzzle 48

7	3	6	4	2	1	9	5	8
8	4	9	7	3	5	1	6	2
5	2	1	6	9	8	3	4	7
6	1	2	5	8	4	7	3	9
9	7	8	3	1	6	4	2	5
3	5	4	2	7	9	8	1	6
2	9	3	1	5	7	6	8	4
4	8	5	9	6	3	2	7	1
1	6	7	8	4	2	5	9	3